Markus Tiedemann

„In Auschwitz wurde niemand vergast."
60 rechtsradikale Lügen und wie man sie widerlegt

Für meinen kleinen Neffen Finn
und in Bewunderung für Fritz Brinkmann,
der sich als Häftling des Konzentrationslagers Neuengamme weigerte,
seine Mitgefangenen mit Benzinspritzen zu töten.
Fritz Brinkmann wurde mehrfach von der Stadt Hamburg
für das Bundesverdienstkreuz vorgeschlagen,
was jedoch aufgrund seiner kommunistischen Vergangenheit
abgelehnt worden ist.

Ich danke Wilfried Stascheit für seine intensive
und kompetente Überarbeitung.

Markus Tiedemann

»In Auschwitz wurde niemand vergast.«

60 rechtsradikale Lügen und wie man sie widerlegt

Das Politische Buch
Preisträger 1998

Arbeitsgemeinschaft
der Verleger, Buchhändler
und Bibliothekare

Der Taschenbuchverlag
für Kinder und Jugendliche
von Bertelsmann

Band 20990

Umwelthinweis:
Dieses Buch wurde auf chlorfrei gebleichtem Papier gedruckt

Erstmals als OMNIBUS Taschenbuch Dezember 2000
© 1996 Verlag an der Ruhr, Mülheim/Ruhr
Alle Rechte dieser Ausgabe bei
C. Bertelsmann Jugendbuch Verlag, München
in der Verlagsgruppe Bertelsmann
Redaktion: Wilfried Stascheit
Layout: Markus Krieger, Anja Juszcak
Umschlaggestaltung: Design Team München
Umschlagkonzeption: Klaus Renner
us - Herstellung: Stefan Hansen
Druck: Presse-Druck Augsburg
ISBN 3-570-20990-3
Printed in Germany
www.omnibus-verlag.de

1 3 5 7 9 10 8 6 4 2

Inhalt

Vorwort 9

I. Zur Person Hitlers ... 11

Lüge Nr. 1   »Hitler wußte nichts vom Holocaust.« 13
Lüge Nr. 2   »Hitler wollte Frieden.« 15
Lüge Nr. 3   »Hitler wußte nichts von den Euthanasieprogrammen.« 19
Lüge Nr. 4   »Hitler war ein genialer Politiker.« 20
Lüge Nr. 5   »Hitler liebte das deutsche Volk.« 23
Lüge Nr. 6   »Hitler war ein kleiner Mann, der sich von ganz unten hochgearbeitet hat.« 25
Lüge Nr. 7   »Hitler war ein gewissenhafter Soldat.« 26
Lüge Nr. 8   »Hitler war ein Freund der Jugend.« 27
Lüge Nr. 9   »Hitler mochte Kinder.« 30
Lüge Nr. 10 »Hitler war ein begabter und vorausschauender Ökonom, was die
             verschwindende Arbeitslosigkeit und der Bau der Autobahnen belegen.« 32
Lüge Nr. 11 »Unter Hitler konnte man noch sicher über die Straße gehen.« 36
Lüge Nr. 12 »Hitlers Leiche wurde nie gefunden. Wahrscheinlich entkam er
             über Spanien nach Argentinien.« 38

II. NSDAP und Staat ... 39

Lüge Nr. 13 »Die NSDAP war eine Partei modernen Typs.« 41
Lüge Nr. 14 »Deutschland unter den Nationalsozialisten war ein moderner,
             kulturell, wirtschaftlich und wissenschaftlich fortschrittlicher Staat.« 43

Inhalt

III. Wehrmacht ... 45

Lüge Nr. 15 »Die deutsche Wehrmacht erfüllte ihre Aufgabe der Verteidigung
von Volk und Vaterland, ohne jedoch Schuld an Hitlers Krieg zu haben.« 47

Lüge Nr. 16 »Die deutsche Wehrmacht führte einen ehrenvollen Kampf und ist klar
von den durch Partei und SS begangenen Verbrechen zu trennen.« 48

Lüge Nr. 17 »Die Wehrmacht war nicht am Holocaust beteiligt.« 56

IV. Kriegsgegner ... 59

zum Thema: UdSSR

Lüge Nr. 18 »Massenmorde wie z.B. an polnischen Offizieren in Katyn wurden
den Deutschen in die Schuhe geschoben, obwohl sie von russischen
Einsatz-Kommandos verübt wurden.« 61

Lüge Nr. 19 »Die sowjetischen Gulags weisen keinerlei Unterschiede zu den deutschen KZs auf
und belegen somit, daß die deutschen Verbrechen nicht einmalig waren.« 62

Lüge Nr. 20 »Niemand behandelte seine Kriegsgefangenen schlechter als die Sowjets.
Deutsche Kriegsgefangenenlager waren dagegen um ein Vielfaches besser.« 63

Lüge Nr. 21 »Der Fall „Barbarossa" stellt keinen Überfall auf die Sowjetunion dar,
sondern war ein reiner Präventivkrieg. Hitler schützte das deutsche Volk
auf diese Weise vor einem längst von Stalin geplanten Überfall.« 65

zum Thema: Westliche Alliierte

Lüge Nr. 22 »Die Engländer sind die Erfinder der KZs.« 67

Lüge Nr. 23 »Die westlichen Alliierten, allen voran Churchill, wollten mit Hitler
zusammenarbeiten, um die Landgewinne der Roten Armee und damit
die Ausbreitung des Kommunismus einzudämmen.« 68

Lüge Nr. 24 »Die Gegner Hitlers waren ebenso große Antisemiten wie Hitler selbst.
Dies beweist u.a. das antisemitische Vorgehen insbesondere der
baltischen Bevölkerung.« 69

Lüge Nr. 25 »Die westlichen Alliierten wußten um den Holocaust.
Sie unternahmen nichts. Sie bejahten das deutsche Vorgehen.« 73

Inhalt

V. Euthanasie ... 77

Lüge Nr. 26 »Die massenhafte Ermordung behinderter Menschen
ist ein reines Greuelmärchen.« 78

Lüge Nr. 27 »Ja, es hat die Tötung von Behinderten gegeben,
aber diese hatte einen rein humanitären Charakter.« 81

VI. Holocaust ... 83

Konzentrationslager

Lüge Nr. 28 »Die Quellenlage zu den KZs ist derart schlecht, daß man wirklich
exakte Aussagen über die Lager nicht mehr machen kann.« 85

Lüge Nr. 29 »Die KZs waren reine Erziehungs- und Straflager,
in denen keine Gaskammern existierten.« 87

Lüge Nr. 30 »In den KZs, in denen es keine Gaskammern gab, wurde auch nicht gemordet.« 90

Lüge Nr. 31 »Die Zahlen der Ermordeten sind übertrieben hoch.« 93

Lüge Nr. 32 »Die Wörter „Vergasung" oder „Gaskammer" sind in
keinem Schriftstück des Dritten Reiches nachzuweisen.« 95

Lüge Nr. 33 »Da niemand eine Vergasung überlebte, gibt es auch keine
beweiskräftigen Zeugenaussagen.« 97

Lüge Nr. 34 »Das angeblich für die Vergasung genutzte Zyklon B
war lediglich ein Entlausungsmittel.« 98

Lüge Nr. 35 »Ja, es gab Gaskammern, aber sie wurden nie benutzt.« 100

Lüge Nr. 36 »Es gab keine Vergasung in Kraftwagen oder mit Dieselabgasen.« 105

Lüge Nr. 37 »Die angeblichen medizinischen Versuche an Menschen
in den KZs sind reine Greuelmärchen.« 110

Holocaust außerhalb von KZs

Lüge Nr. 38 »Die sogenannten Einsatzgruppen stellten eine normale Ordnungspolizei dar
und dienten höchstens zur Partisanenbekämpfung.« 113

Lüge Nr. 39 »Es gab keine Massenerschießungen. Es gibt keine Beweise dafür, denn Täter
hätten niemals ausgesagt und Überlebende konnte es nicht geben.« 118

Inhalt

VII. Erfundenes Beweismaterial ... 123

Lüge Nr. 40 »Das Rote Kreuz ließ nach Kriegsende verlauten, daß „nur" 300.000 Opfer rassischer und politischer Verfolgung zu beklagen seien.« 124

Lüge Nr. 41 »Wußten Sie, daß die sicher beklagenswerten Verluste des jüdischen Volkes – laut UNO, die keinen Grund hat, irgendein Volk besonders in Schutz zu nehmen – zweihunderttausend betragen haben?« 125

Lüge Nr. 42 »Wußten Sie, daß eine alliierte, militärpolizeiliche Untersuchungskommission am 1. Oktober 1948 feststellte, daß in einer ganzen Reihe von KZs keine Hinrichtungen durch Giftgas stattgefunden haben?« 126

Lüge Nr. 43 »Es existieren geheime Akten in den Händen der Briten und Amerikaner, die die Unschuld Hitlers und die wahre Zahl der Opfer belegen.« 128

Lüge Nr. 44 »„Geheime Dokumente" in Moskau beweisen alles, was die Geschichtsfälscher gerade beweisen wollen.« 129

Lüge Nr. 45 »Alle Dokumente, die den Holocaust belegen, sind gefälscht. Filme wurden gestellt und Fotos manipuliert. Sämtliche Täteraussagen wurden erzwungen.« 130

VIII. Professioneller Revisionismus ... 133

Lüge Nr. 46 »Der Leuchter-, bzw. Remer-Report stellen fachlich kompetente und wissenschaftlich einwandfreie Gutachten dar.« 136

Lüge Nr. 47 »Schon die Bauart der Gaskammern von Auschwitz entspricht nicht dem Stand der Technik, der damals schon möglich war (siehe USA), ergo handelt es sich auch um keine Tötungsanlagen.« 138

Lüge Nr. 48 »Es gab keine Vergasungen in Auschwitz, denn die Gaskammern von Auschwitz waren nicht beheizbar. Zyklon B zerfällt aber erst bei 26 Grad Celsius in einen gasförmigen Aggregatzustand.« 140

Lüge Nr. 49 »Es gab keine Vergasungen in Auschwitz, denn eine Probe aus der Wandverkleidung der Gaskammern enthielt nur noch geringe Mengen von Blausäure (Zyklon B). Bei einer massiven Nutzung der Gaskammern müßten die Rückstände aber um ein Vielfaches höher sein.« 141

Lüge Nr. 50 »Die Massenvergasungen können gar nicht in dem Umfang stattgefunden haben, weil in die Gaskammer im Höchstfall 93 Menschen paßten.« 143

Lüge Nr. 51 »Das heimlich von einem Häftling aufgenommene Foto, welches eine Leichenverbrennung in Auschwitz dokumentiert, ist eine Fälschung. Das Gelände des KZ Auschwitz ist viel zu sumpfig, als daß dort ein Scheiterhaufen hätte entfacht werden können.« 144

Inhalt

IX. Deutsche Bevölkerung ... 145

1. Argumentationslinie: »Das Volk wurde zum Gehorsam gezwungen.«

Lüge Nr. 52 »Am Ende der Weimarer Republik hatte man nur noch die Wahl
zwischen Kommunismus und Nationalsozialismus.« 146

Lüge Nr. 53 »Bei 6 Millionen Arbeitslosen ist es nur natürlich, wenn ein Volk zu einer
radikalen Partei tendiert.« 146

Lüge Nr. 54 »Die NSDAP hat in Deutschland die öffentliche Ordnung wieder hergestellt.
Zuvor hat der Terror der Straße jedes Zusammenleben unmöglich gemacht.« 147

Lüge Nr. 55 »Die deutsche Bevölkerung wußte nicht, auf wen sie sich da einläßt.
Sie konnte nicht wissen, daß Hitler den Krieg, die Diktatur und die Vernichtung
der Juden wollte.« 149

Lüge Nr. 56 »Sicher gab es auch Negatives, aber das deutsche Volk stand während
der NS-Herrschaft in einer noch nie dagewesen Volksgemeinschaft
und Solidarität zusammen.« 152

Lüge Nr. 57 »Nach der Machtergreifung war es zu spät.
Der totale Überwachungsstaat machte jeden Protest unmöglich.« 154

2. Argumentationslinie: »Das Volk war unwissendes und getäuschtes Opfer.« ... 156

Lüge Nr. 58 »Die deutsche Bevölkerung wußte nichts vom Euthanasieprogramm.« 157

Lüge Nr. 59 »Die deutsche Bevölkerung wußte nichts vom Holocaust.« 159

Lüge Nr. 60 »Die deutsche Bevölkerung wußte nichts von der grausamen Kriegführung
der Nationalsozialisten.« 168

Anmerkungen 170

Bildnachweise 177

Literaturvorschläge 178

Internet-Adressen 184

Vorwort

Als im Jahre 1993 Asylbewerberheime brannten und Menschen in Deutschland ermordet wurden, nur weil sie aus anderen Ländern kamen und bei uns leben wollten, stellte ich mir vor, was ich eigentlich eines Tages auf die Frage antworten würde, was ich damals dagegen unternommen hätte. Ich wollte etwas tun.

Zunächst habe ich damit begonnen, zuerst in Mölln und dann in vielen Schulen und Jugendeinrichtungen Hamburgs und Schleswig-Holsteins, das Gespräch mit rechtsdenkenden Jugendlichen zu suchen.

Dieses Eintauchen in die Szene war sehr lehrreich. Schon bei den ersten Begegnungen machte ich folgende, mich nachhaltig beeindruckende Erfahrungen:

1. Die Unwissenheit der Jugendlichen über die Zeit des Nationalsozialismus war schlicht erschreckend. Insbesondere Jugendliche mittlerer und unterer Schulbildung besaßen mangels Kenntnissen keinerlei Immunität gegenüber revisionistischer Propaganda.
2. Mich überwältigte das Ausmaß und die Professionalität, mit der revisionistische Kreise auf Jugendliche einwirken.
3. Eine Erfahrung war besonders bitter: Es war meine eigene Unfähigkeit auf revisionistische Schriften, die mir sehr schnell unterbreitet wurden, adäquat zu reagieren. Trotz Geschichtsstudium mit Schwerpunkt auf der Zeit des Nationalsozialismus war ich nicht in der Lage, die Pseudowissenschaftlichkeit eines Remer-Reports ad hoc zu widerlegen. Ich beteuerte lediglich, daß es sich um Lügen handele, den Gegenbeweis mußte ich jedoch schuldig bleiben.

In dieser Zeit habe ich damit begonnen, meine Erfahrungen mit revisionistischer Propaganda zu dokumentieren und den Geschichtsverfälschungen historische Quellen entgegenzustellen, durch die sie eindeutig widerlegt werden. Mittlerweile haben sich die Unterlagen in vielen Begegnungen mit rechtsextremen oder für rechtsextremes Denken anfälligen Jugendlichen bewährt.

Vor einiger Zeit ermutigte mich ein Lehrer einer Hamburger Gesamtschule dazu, meine Unterlagen in einem Buch zusammenzufassen. Es sei für jeden Pädagogen von enormem Wert, schnell, direkt und unkompliziert auf rechtsextreme Behauptungen reagieren zu können.

Das Ergebnis meiner Bemühungen umfaßt die Auseinandersetzung mit 60 revisionistischen Lügen, die alle kurz kommentiert und durch unbezweifelbare historische Quellen widerlegt werden. Der gesamte Lügenkomplex ist aufgegliedert in neun thematische Schwerpunkte: Person Hitlers, NSDAP, Wehrmacht, Kriegsgegner, Euthanasie, Holocaust, erfundenes Beweismaterial, professioneller Revisionismus, deutsche Bevölkerung. In den Einleitungen der Schwerpunktkapitel finden sich jeweils Anmerkungen zu Wesen und Zielsetzung der einzelnen revisionistischen „Argumente".

Während meiner Material- und Literatursuche fiel mir auf, daß sich, abgesehen von der relativ elitär geführten Revisionismusdebatte, bisher kaum ein Historiker dazu herabgelassen hat, ganz konkret rechtsextreme Geschichtsverfälschungen durch Quellenarbeit zu entlarven. Wolfgang Benz stellt hier eine seltene Ausnahme dar. Leider richten sich die meisten seiner Veröffentlichungen hauptsächlich an ein Fachpublikum und sind daher in der pädagogischen Arbeit nur schwer einsetzbar.

Soziologische Arbeiten bemühen sich zwar um gesellschaftliche Hintergründe und die Herkunft rechtsradikaler Kreise, nur am Rande aber um eine Widerlegung der von ihnen vertretenen Inhalte. Revisionistische Äußerungen schlicht als indiskutabel zu bewerten und zu übergehen ist sicherlich ethisch nicht zu beanstanden, pädagogisch sehe ich in diesem Vorgehen jedoch ein großes Risiko. Zum einen erzeugt das Ausbleiben einer Widerlegung durch Eltern, Lehrer oder Erzieher bei vielen Jugendlichen den Eindruck, als sei diese gar nicht möglich: Qui tacet consentit. Gerade jene, die aus Unwissenheit oder Instabilität in den Dunstkreis rechter Kreise geraten, benötigen klare Grenzen und Konturen, um ihr Umfeld identifizieren zu können.

Zum anderen sollte jenen, die Revisionismus gezielt und professionell betreiben, offensiv begegnet werden. Zwar glaube ich nicht, daß ein Buch wie das meinige in der Lage ist, solche Menschen von ihrer menschenverachtenden Politik- und Geschichtsauffassung abzubringen, aber es ermöglicht, sie zu entlarven und ihr Betätigungsfeld einzuschränken. Es gilt unmißverständlich klarzumachen, mit welchen Tricks und mit welcher politischen Absicht hier geschichtliche Fakten gefälscht oder geleugnet werden. Auf diese Weise werden jene rechtsextremen Geschichtsverfälscher gezwungen, sich zu dem zu bekennen, was sie wirklich sind: Menschen, die sich an einer Ideologie ergötzen, die schon einmal mit absoluter Menschenverachtung millionenfaches Leid erzeugt hat.

Zur Person Hitlers

Die Legenden und Lügen um und über Hitlers Person sind schon in der Zeit des Nationalsozialismus gediehen. Teils durch geschickte Lenkung der Propaganda, teils durch mittelalterlich anmutende Vorstellungen wurde ein Führercharisma geprägt, das dem Bild eines mythischen Übermenschen entsprach. Hinzu kam, daß Hitler schon sehr früh von den negativen Erscheinungen des Nationalsozialismus, wie Mißwirtschaft, Terror und Eigendünkel, getrennt wurde. „Wenn das der Führer wüßte!" gehörte zu den gängigen Aussprüchen der deutschen Bevölkerung zwischen 1933 und 1945.

Nach 1945 verwandelte sich dieser Ausspruch in: „Der Führer hat von nichts gewußt." Diese Wendung trägt nahezu schizophrene Züge. Doch läßt sich der immanente Widerspruch dieser Aussage aus den psychologischen Bedürfnissen der Deutschen damals erklären.

Natürlich widerspricht „Unwissenheit" Begriff und Funktion eines Führers an sich. Jede Führungspersönlichkeit, insbesondere aber jene, die sich am nationalsozialistischen Führerprinzip orientiert, zeichnet sich durch Kontrolle und Verfügungsgewalt über Untergebene aus. Diese Attribute sind ohne Informiertheit und eigenes Lenken gar nicht zu denken. Aber die Menschen zogen es, angesichts der bitteren Erfahrungen, die sie gemacht hatten, vor, Hitler von möglichst vielen negativen Erscheinungen zu trennen und die Schuld auf seine Paladine abzuwälzen, um die eigene Identität in die Unschuld zu retten. Schließlich hatte man diesem Mann zugejubelt. Hitler mußte entlastet werden, um so die eigene nationalsozialistische Vergangenheit zu entlasten.

Das Buch des Tages:

Mein Kampf

von Adolf Hitler

Was wird Adolf Hitler tun? — fragen heute Millionen hoffender Deutscher! — Diese Frage kann jeder beantworten, der sein Werk und damit sein Wollen und Ziel kennt. Jeder, ob Freund oder Feind, kann jetzt das Werk Hitlers nicht unbeachtet lassen.

2 Ausgaben: 2 Bände kartoniert je RM. 2,85, beide Bände in Ganzleinen gebunden RM. 7,20

Jede deutsche Buchhandlung hat dieses Buch vorrätig!

Verlag Frz. Eher Nachf., München 2 NO

Anzeige des Eher Verlags im „Völkischen Beobachter" am 31.1.1933

Ähnliche Strukturen finden sich heute bei neofaschistischen Jugendlichen, die sich das Ziel gesetzt haben, den Nationalsozialismus als im Grunde gute Idee zu rehabilitieren. Wiewohl diese Argumentation eigentlich schwerfallen sollte, da, wie Hitler selbst es ausdrückte, „der Führer die Partei und die Partei der Führer" war. Bevor den einzelnen Variationen dieser Lüge entsprechende Dokumente entgegengehalten werden, sollte man schon anmerken, daß sich die Befehlsstruktur des NS-Regimes pyramidenförmig auf den Führer zuspitzte. Alle Instanzen der Gesellschaft unterstanden im Zweifelsfalle direkt seiner Befehlsgewalt. Es ist immer und immer wieder von Historikern darauf hingewiesen worden, daß aufgrund von Ämterdarwinismus und der Konkurrenz von Partei- und Staatsorganen der persönliche Zugang zum Führer unverzichtbar wurde. Hitler war wegen dieser bewußt geplanten unklaren Aufgabenverteilung letztendlich zuständig bis in Detailfragen, die bis zu Verschweißungsarten bei Waffen reichten. Daher ist es kaum vorstellbar, daß sich ein so gigantisches Unternehmen wie der Völkermord an den europäischen Juden der Kenntnis des Führers entzogen haben soll. Weiterhin sei darauf verwiesen, daß Personen aus dem engsten Umfeld Hitlers, wie beispielsweise Heinrich Himmler, nicht nur den Holocaust organisierten, sondern auch persönlich die Vernichtungslager inspizierten.

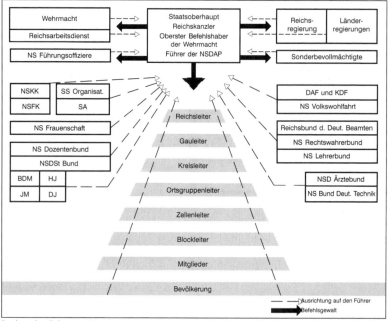

Struktur des Führerprinzips

Lüge Nr. 1

»Hitler wußte nichts vom Holocaust.«

Was die Quellenlage betrifft, so war der Holocaust unzweifelhaft eines von Hitlers vorrangigen persönlichen Projekten und Zielen. Hitler in „Mein Kampf":

> „Hätte man zu Kriegsbeginn [gemeint ist der erste Weltkrieg] und während des Krieges einmal zwölf- oder fünfzehntausend dieser hebräischen Volksverderber so unter Giftgas gehalten, wie Hunderttausende unserer allerbesten deutschen Arbeiter aus allen Schichten und Berufen es im Felde erdulden mußten, wäre das Millionenopfer der Front nicht vergeblich gewesen." [1]

Hitler prophezeite die Vernichtung der Juden in Europa in einer Reichstagsrede am 30.1.1939:

> „Wenn es dem internationalen Finanzjudentum inner- und außerhalb Europas gelingen sollte, die Völker noch einmal in einen Weltkrieg zu stürzen, dann wird das Ergebnis nicht die Bolschewisierung der Erde und damit der Sieg des Judentums sein, sondern die Vernichtung der jüdischen Rasse in Europa!" [2]

Hitler über die Endlösung (21. u. 25.10.1941, 22.2.1942):

> „Wenn wir diese Pest ausrotten, so vollbringen wir eine Tat für die Menschheit, von der sich unsere Männer draußen noch gar keine Vorstellung machen können."

> „Es ist gut, wenn uns der Schrecken vorausgeht, daß wir das Judentum ausrotten."

> „Es ist das die größte Revolution, die es je gegeben hat in der Welt. Der Jude wird erkannt werden! Der gleiche Kampf, den Pasteur und Koch haben kämpfen müssen, muß heute von uns geführt werden. Zahllose Erkrankungen haben die Ursache in einem Bazillus: dem Juden! [...] Wir werden gesund, wenn wir den Juden eliminieren." [3]

Rudolf Höß, Lager-Kommandant von Auschwitz, über den Führerbefehl zur „Endlösung der Judenfrage":

„Im Sommer 1941, den genauen Zeitpunkt vermag ich z.Zt. nicht anzugeben, wurde ich plötzlich zum Reichsführer SS nach Berlin befohlen, und zwar direkt durch seine Adjutantur. Entgegen seiner sonstigen Gepflogenheiten eröffnete er mir, ohne Beisein eines Adjutanten, dem Sinne nach folgendes: Der Führer hat die Endlösung der Judenfrage befohlen, wir – die SS – haben diesen Befehl durchzuführen." [4]

Karl Adolf Eichmann, Organisator der „Endlösung", zum Führerbefehl:

„Im Juni [1941], glaube ich, war der Kriegsbeginn, Juni oder Juli, sagen wir Juli, war der Kriegsbeginn. Und glaub ich 2 Monate später mag es wohl gewesen sein, es kann auch 3 Monate später gewesen sein. Es war jedenfalls Spätsommer. Ich werde gleich sagen, warum ich weiß, daß es Spätsommer war, als Heydrich mich zu sich befahl. Meldete mich, und er sagte mir: Der Führer, also das mit der Auswanderung usw. usw. mit einem kleinen speech vorher: ‚Der Führer hat die physische Vernichtung der Juden befohlen'." [5]

Hitler über die Ausrottung des Judentums:

„Ich habe am 1. September 1939 in der damaligen Reichstagssitzung zwei Dinge ausgesprochen: Erstens, daß, nachdem man uns den Krieg schon aufgezwungen hat, keine Macht der Waffen und auch nicht die Zeit uns jemals niederzwingen werden, und zweitens, daß, wenn das Judentum einen internationalen Weltkrieg zur Ausrottung etwa der arischen Völker anzettelt, dann nicht die arischen Völker ausgerottet werden, sondern das Judentum [...] Die Juden haben einst auch in Deutschland über meine Prophezeiungen gelacht. Ich weiß nicht, ob sie auch heute noch lachen oder ob ihnen nicht das Lachen bereits vergangen ist. Ich kann aber auch jetzt nur versichern: Es wird ihnen das Lachen überall vergehen. Und ich werde auch mit diesen Prophezeiungen Recht behalten." [6]

14 Diese Rede Adolf Hitlers an das deutsche Volk und die Welt wurde am 30. September 1942 gehalten. Zu diesem Zeitpunkt war die Vernichtung der europäischen Juden längst in vollem Umfang angelaufen.

Lüge Nr. 2

»Hitler wollte Frieden.«

Die politische Ideologie Hitlers war keineswegs friedlich. Zutiefst davon überzeugt, daß die Deutschen ein Volk ohne Raum waren, lag es für ihn nur an der Schwäche oder der Stärke eines Volkes, sich diesen Raum zu erobern. Die Mittel dazu ergaben sich aus der politischen Situation, waren aber kein moralisches Problem:

> „Staatsgrenzen werden durch Menschen geschaffen und durch Menschen geändert. Die Tatsache des Gelingens eines unmäßigen Bodenerwerbs durch ein Volk ist keine höhere Verpflichtung zur ewigen Anerkennung desselben. Sie beweist höchstens die Kraft der Eroberer und die Schwäche der Dulder. Und nur in dieser Kraft allein liegt dann das Recht. [...] So wie unsere Vorfahren den Boden, auf dem wir heute leben, nicht vom Himmel geschenkt erhielten, sondern durch Lebenseinsatz erkämpfen mußten, so wird auch uns in Zukunft den Boden und damit das Leben für unser Volk keine völkische Gnade zuweisen, sondern nur die Gewalt eines siegreichen Schwertes." [7]

Ein friedliches Zusammenleben der Völker konnte sich Hitler nur unter der Weltherrschaft des höchststehenden, also des deutschen Volkes vorstellen:

> „Also erst Kampf und dann vielleicht Pazifismus." [8]

Ansonsten hatte Hitler für „pazifistische Schwächlinge" nur Verachtung übrig. Fakt ist, daß Deutschland sofort nach der Machtübernahme Hitlers aus dem Völkerbund ausgetreten ist und die Mitarbeit in der Genfer Abrüstungskonferenz beendet hat.

Hitler hat aber in der Tat viele Friedensreden gehalten, die noch heute von entsprechenden Kreisen zu seiner Rehabilitation herangezogen werden. Allerdings wird von solchen selbsternannten Fachleuten nicht erwähnt, daß dies ganz offensichtlich seiner Taktik entsprach. Nach jedem das Ausland provozierenden politischen Akt, wie z.B. der Remilitarisierung des Rheinlandes, pflegte Hitler In- und Ausland durch eine Friedensrede zu beruhigen. Tatsächlich hielt Hitler später dieses Vorgehen selbst für problematisch, denn er fürchtete, das deutsche Volk könne selbst an seinen Friedenswillen glauben. Wörtlich bemerkte er:

> „Die pazifistische Platte hat sich abgespielt."

Schließung des Antikriegsmuseums und Umwandlung in ein SA-Heim, März 1933

Nach 1939 finden sich denn auch keinerlei propagandistische Bemühungen für eine Beendigung der Kampfhandlungen. Hitlers ganzes Denken war auf Krieg ausgerichtet. So schrieb er in einer geheimen Denkschrift über den Vierjahresplan im August 1936 (Auszüge):

> „Alle diese Länder wären unfähig, jemals einen aussichtsvollen Krieg gegen Sowjetrußland zu führen. [...]
>
> Das Ausmaß und das Tempo der militärischen Auswertung unserer Kräfte können nicht groß und schnell genug gewählt werden! Es ist ein Kapitalirrtum zu glauben, daß über diese Punkte irgendein Verhandeln oder ein Abwägen stattfinden könnte mit anderen Lebensnotwendigkeiten. [...]
>
> Ähnlich der militärischen und politischen Aufrüstung bzw. Mobilmachung unseres Volkes hat auch eine wirtschaftliche zu erfolgen, und zwar im selben Tempo, mit der gleichen Entschlossenheit und wenn nötig auch mit der gleichen Rücksichtslosigkeit. [...]
>
> Die endgültige Lösung liegt in einer Erweiterung des Lebensraumes bzw. der Rohstoff- und Ernährungsbasis unseres Volkes. Es ist die Aufgabe der politischen Führung, diese Frage dereinst zu lösen. [...]
>
> Ich stelle damit folgende Aufgabe:
> I. Die deutsche Armee muß in 4 Jahren einsatzfähig sein.
> II. Die deutsche Wirtschaft muß in 4 Jahren kriegsfähig sein." (9)

16 Am 5.11.1937 legte Hitler der Führung der deutschen Wehrmacht unmißverständlich seine Kriegsziele dar. Oberst Hoßbach, Hitlers Wehrmachtsadjutant, protokollierte. Hier Auszüge daraus:

„Wenn wir bis 1943/45 nicht handelten, könne infolge der Fehlens
von Reserven jedes Jahr die Ernährungskrise bringen, zu deren
Behebung ausreichende Devisen nicht verfügbar seien. Hierin
sei ein ‚Schwächungsmoment des Regimes' zu erblicken. Zudem
erwarte die Welt unseren Schlag und treffe ihre Gegenmaßnahmen
von Jahr zu Jahr mehr. Während die Umwelt sich abriegele, seien
wir zur Offensive gezwungen. [...]

Zur Verbesserung unserer militärpolitischen Lage müsse in
jedem Fall bei einer kriegerischen Verwicklung unser erstes
Ziel sein, die Tschechei und gleichzeitig Österreich niederzuwerfen, um die Flankenbedrohung eines etwaigen Vorgehens
nach Westen auszuschalten. [...]

Wenn auch die Besiedlung insbesondere der Tschechei keine dünne
sei, so könne die Einverleibung der Tschechei und Österreichs
den Gewinn von Nahrungsmitteln für 5-6 Millionen Menschen
bedeuten unter Zugrundelegung, daß eine zwangsweise Emigration
aus der Tschechei von zwei, aus Österreich von einer Million
Menschen zur Durchführung gelange." [10]

Zum geplanten Polenkrieg erklärte Hitler am 23. Mai 1939 vor Führern der Wehrmacht:

„Danzig ist nicht das Objekt, um das es geht. Es handelt sich für
uns um die Erweiterung des Lebensraums im Osten und Sicherstel-
lung der Ernährung sowie der Lösung des Baltikumproblems." [11]

**Es bleibt zu erwähnen, daß alle Angriffsbefehle für die deutsche Wehrmacht direkt von Hitler
stammen. Allein gegen Frankreich befahl Hitler 29mal den Angriff, da zögernde Generäle
den Angriffstermin aus verschiedensten Gründen 28mal verschoben. Exemplarisch sei an dieser
Stelle der Angriffsbefehl gegen die UdSSR aufgeführt, der nicht nur wie bei anderen Opfern
der Nazi-Eroberungsstrategie ohne Kriegserklärung und unter Verletzung der Neutralität
erfolgte, sondern sogar einen Nichtangriffspakt hinterging. Hitlers Weisung vom 18.12.1940
zur Vorbereitung des „Fall Barbarossa":**

„Die Deutsche Wehrmacht muß darauf vorbereitet sein, auch vor
Beendigung des Krieges gegen England Sowjetrußland in einem
schnellen Feldzug niederzuwerfen (Fall Barbarossa). Das Heer
wird hierzu alle verfügbaren Verbände einzusetzen haben mit
Einschränkung, daß die besetzten Gebiete gegen Überraschungen
gesichert sein müssen.

Für die Luftwaffe wird es darauf ankommen, für den Ostfeldzug so
starke Kräfte zur Unterstützung des Heeres freizumachen, daß
mit einem schnellen Ablauf der Erdoperation gerechnet werden
kann und Schädigungen des ostdeutschen Raums durch feindliche
Flugangriffe so gering wie möglich bleiben. Diese Schwerpunkt-
bildung im Osten findet ihre Grenze in der Forderung, daß der

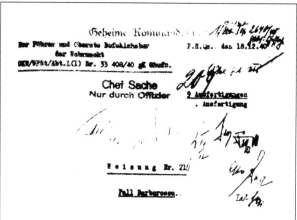

Dieses Dokument leitete die koordinierte politische, ökonomische und militärische Vorbereitung des Überfalls auf die Sowjetunion ein.

gesamte von uns beherrschte Kampf- und Rüstungsraum gegen feindliche Luftangriffe hinreichend geschützt bleiben muß und die Angriffshandlungen gegen England, insbesondere seine Zufuhren, nicht zum Erliegen kommen dürfen.

Der Schwerpunkt des Einsatzes der Kriegsmarine bleibt auch während des Ostfeldzuges eindeutig gegen England gerichtet. Den Aufmarsch gegen Sowjetrußland werde ich gegebenenfalls acht Wochen vor dem beabsichtigten Operationsbeginn befehlen. Vorbereitungen, die eine längere Laufzeit benötigen, sind - soweit noch nicht geschehen - schon jetzt in Angriff zu nehmen und bis zum 15.5.41 abzuschließen.

Entscheidender Wert ist jedoch darauf zu legen, daß die Absicht eines Angriffs nicht erkennbar wird." [12]

Lüge Nr. 3

»Hitler wußte nichts von den Euthanasieprogrammen.«

Bereits 1933 trat das „Gesetz zur Verhütung erbkranken Nachwuchses" in Kraft.
(Siehe das Kapitel „Euthanasie", S. 77-82. Euthanasie bedeutet eigentlich „leichter Tod",
also „Sterbehilfe".) Hitler war zu diesem Zeitpunkt oberste Instanz der Gesetzgebung.

Ab August 1939 mußten mißgebildete Kinder gemeldet werden.
Hitler selbst gab im Oktober 1939 auf privatem Briefpapier seiner Kanzlei den
Euthanasiebefehl. Später wurde der Befehl auf den 1.9.1939 zurückdatiert, um ihn
auch symbolisch mit dem Kriegsbeginn zu verbinden. Neben dem Chef der Reichskanzlei,
Bouhler, wurde auch Hitlers Leibarzt, Dr. Brandt, ermächtigt, entsprechende Schritte
einzuleiten.

Die administrative Abwicklung dieses psychiatrischen Holocaust verblieb in den Händen
der Reichskanzlei. Das Euthanasieprogramm benötigte einen Stab von etwa 400-500 Personen,
die mehrheitlich (auch später als sie in den KZs eingesetzt wurden) auf den Gehaltslisten des
Führerhauptquartiers standen. Auch die mündliche Anweisung zur Einstellung der Vergasung
geistig Behinderter im Spätsommer 1941 kam von Hitler persönlich. (Das Euthanasieprogramm in den KZs ging jedoch weiter.)

Lüge Nr. 4

»Hitler war ein genialer Politiker.«

Es ist beinahe müßig, auf diesen immer wiederkehrenden Einwand zu antworten.
Tatsache ist, daß man Hitler zugestehen muß, phasenweise außerordentlich erfolgreich
gewesen zu sein. Erfolge sollten jedoch an den Zielen gemessen werden, die sich jemand
gesetzt hat. Hitlers Ziele waren Herrschaft und Lebensraum für die arische Rasse durch die
Vernichtung des europäischen Judentums, politisch Andersdenkender, behinderter Menschen,
Roma und Sinti, vieler slawischer Völker und eine Versklavung des größten Teils der
Menschheit. Bei der Umsetzung dieser Ziele ist Hitler zunächst sehr erfolgreich gewesen.
Es fragt sich jedoch, ob diese „Erfolge" auf ein außergewöhnliches Geschick zurückzuführen
sind. Vielmehr ist es eine oft zu beobachtende Tatsache, daß die zivilisierte Menschheit
skrupellosen Verbrechern und Lügnern einige Zeit hilflos gegenübersteht, weil sie deren
kriminelle Energie nicht für möglich hält.

Es ist weitaus leichter, eine Politik zu betreiben, die keinerlei Rücksicht – weder auf das eigene
Volk, auf Nachbarvölker noch auf ethische Normen – nimmt, als eine Diplomatie zu gestalten,
die zumindest versucht, Menschenrecht und Völkerrecht zu achten. Ein Beispiel mag dies
verdeutlichen: England hat hart und ernsthaft verhandelt, um ein Bündnis mit der UdSSR
zustandezubringen. Allerdings hatten insbesondere die territorialen Forderungen der UdSSR
dies unmöglich gemacht. – Hitlers Außenminister Ribbentrop und der sowjetische Außenminister Molotov benötigten nur 3 Stunden, um große Teile der Welt unter sich aufzuteilen.
Gleichzeitig bereiteten die beiden noch den Angriff auf Polen vor.

Im geheimen Zusatzprotokoll zum deutsch-sowjetischen Nichtangriffspakt
vom 23. August 1939 heißt es:

> „Aus Anlaß der Unterzeichnung des Nichtangriffsvertrages
> zwischen dem Deutschen Reich und der Union der Sozialistischen
> Sowjetrepubliken haben die unterzeichnenden Bevollmächtigten
> der beiden Teile in streng vertraulicher Aussprache die Frage
> der Abgrenzung der beiden Interessensphären in Osteuropa
> erörtert. Diese Aussprache hat zu folgendem Ergebnis geführt:
>
> 1. Für den Fall einer territorial-politischen Umgestaltung in
> den zu den baltischen Staaten (Finnland, Estland, Lettland,

Litauen) gehörenden Gebieten bildet die nördliche Grenze Litauens zugleich die Grenze der Interessensphäre Deutschlands und der UdSSR. Hierbei wird das Interesse Litauens am Wilnaer Gebiet bereits anerkannt.

2. Für den Fall einer territorial-politischen Umgestaltung der zum polnischen Staate gehörenden Gebiete werden die Interessensphären Deutschlands und der UdSSR ungefähr durch die Linien der Flüsse Narew, Weichsel und San abgegrenzt.

Die Frage, ob die beiderseitigen Interessen die Erhaltung eines unabhängigen polnischen Staates erwünscht erscheinen lassen und wie dieser Staat abzugrenzen wäre, kann endgültig erst im Laufe der weiteren politischen Entwicklung geklärt werden. In jedem Fall werden beide Regierungen diese Frage im Wege einer freundschaftlichen Verständigung lösen.

3. Hinsichtlich des Südostens Europas wird von sowjetischer Seite das Interesse an Bessarabien betont. Von deutscher Seite wird das völlige Desinteressement an diesen Gebieten erklärt.

4. Dieses Protokoll wird von beiden Seiten streng geheim behandelt werden." [13]

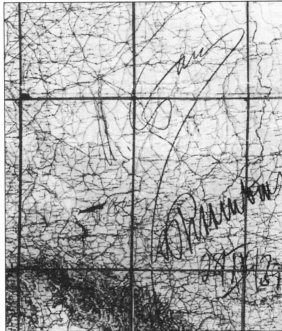

Geheimkarte zum Hitler-Stalin-Pakt mit den Unterschriften von Stalin und Ribbentrop.

Als Innenpolitiker hat Hitler Deutschland schon vor Beginn des Krieges in den finanziellen Bankrott geführt. Über den Grad, allein der inländischen Neuverschuldung, gibt diese Tabelle [14] Auskunft:

Neuverschuldung des Reiches im Inland 1933 bis 1939
(in Milliarden RM, jeweils Monatsende)

	Januar 1933	März 1936	März 1938	August 1939	Zugang seit 1933
Mittel- und langfristige Schuld	2,6	6,0	11,9	20,6	18,0
Kurzfristige Schuld	1,4	8,4	14,3	23,9	22,5*
Insgesamt	4,0	14,4	26,2	44,5	40,5

*) Ohne Steuergutscheine

Außenpolitisch gelang es Hitler nie, den Verbündeten seiner Wahl, das „arische England", zu gewinnen. Militärisch stürzte er Deutschland in einen Zweifrontenkrieg und machte gegen das Anraten seiner Generäle den strategischen Fehler, die Hauptstreitmacht nach Südrußland zu werfen, statt mit aller Kraft den Knotenpunkt Moskau erobern zu wollen.

Lüge Nr. 5
»Hitler liebte das deutsche Volk.«

Es wird im folgenden klar werden, daß Hitler eher die Wahnvorstellung der Weltherrschaft einer „arischen Rasse" liebte denn die real existierenden Menschen in Deutschland.

Von seiner „Liebe" ausgenommen waren von Anfang an u.a. deutsche Juden, Behinderte, Homosexuelle, Suchtkranke und alle Menschen, die nicht seiner politischen Meinung waren. „Geliebt" wurde also nicht der, der sich als Deutscher fühlte, sondern der, der nach dem Willen der Nazis ein „anständiger Deutscher" sein durfte. Dem so zusammengeschrumpften Rest des deutschen Volkes bescherte die „Liebe" ihres Führers ca. 6.600.000 Tote, unzählige Verwundete, die z.T. gigantische Zerstörung von Großstädten, gewaltige Vertreibungen und Gebietsverluste, einen langjährigen Ausschluß aus der zivilisierten Welt und bis heute andauernde politische Konflikte.

Der Führer und „sein" Volk.

Doch auch gegenüber den als gute Arier bezeichneten Deutschen nahm die „Liebe"
des Führers besondere Züge an. Noch in den letzten Kriegsmonaten, der Krieg war faktisch
längst verloren, wurden Tausende von Volksgenossen wegen nichtigster „Vergehen" durch
Standgerichte zum Tode verurteilt. Die Verordnung des Reichsministers der Justiz über
die Errichtung von Standgerichten findet sich im Reichsgesetzblatt Jahrgang 1945,
Teil I, Nr. 6, S. 30.

Seinen Soldaten befahl Hitler, bis zur eigenen Vernichtung zu kämpfen. Ein besonders
dramatisches Beispiel ist neben Stalingrad auch Danzig. Die hoffnungslos belagerte Stadt
hatte von dem sowjetischen Marschall K. Rokossowskij ein Kapitulationsangebot erhalten.
Im Gegenzug verpflichtete sich der Marschall, Leben und Privateigentum der Einwohner
zu schonen. Hitlers Durchhaltebefehl bereitete Danzig eine gigantische Zerstörung.
Hitler in der Nacht vom 24. zum 25.3.1945:

„Jeder Quadratmeter des Raumes Danzig/Gotenhafen ist
entschieden zu verteidigen." [15]

Auch die Vernichtung des so heißgeliebten Vaterlandes entsprach dem Willen des Führers.
Hitler dachte trotz der völlig aussichtslosen Lage nicht daran zu kapitulieren, im Gegenteil:
Er war überzeugt davon, daß das deutsche Volk, wenn es nicht die ideologische Stärke
aufbrachte, den Krieg zu gewinnen, es auch verdiente unterzugehen.

So sah sich Hitler wahrscheinlich immer noch als ein Instrument der „Vorsehung", als er
am 19.3.1945 befahl, auch in Deutschland verbrannte Erde zu hinterlassen (Auszüge):

„Ich befehle daher: 1. Alle militärischen, Verkehrs-, Nach-
richten-, Industrie- und Versorgungsanlagen sowie Sachwerte
innerhalb des Reichsgebietes, die sich der Feind für die
Fortsetzung seines Kampfes irgendwie sofort oder in absehbarer
Zeit nutzbar machen kann, sind zu zerstören." [16]

Lüge Nr. 6

»Hitler war ein kleiner Mann, der sich von ganz unten hochgearbeitet hat.«

Gegen all die Mythen, die sich um Hitlers frühe Armut und seinen Aufstieg ranken,
sollte zunächst folgendes eingewendet werden: Hitler stammte aus bescheidenen Verhältnissen,
aber nicht aus „einer Arbeiterfamilie, die unter erbärmlichen Umständen hungerte". [17]
Sein Vater Alois hatte es in der Beamtenlaufbahn zum Zollamtsoffizial gebracht.
Ein Amt, das er zunächst in Braunau, dann in Linz ausübte. Mit 16 Jahren verließ Hitler
ohne Abschluß die Schule. Obwohl er mehrfach von Wiener Kunstakademien und Architektur-
schulen abgelehnt worden war, blieb Hitler dennoch in Wien.
Aus einer Waisenrente und dem elterlichem Erbe bezog er monatlich ca. 80 Kronen.
Diese Einkünfte lagen über dem Anfangsgehalt eines Lehrers oder Juristen und erlaubten
ihm zunächst ein sorgloses Leben. Die Notzeitschilderungen in „Mein Kampf" erscheinen
demnach eher selbstmitleidig. Von 1909 bis 1911 bezog Hitler nur noch seine Waisenrente.
Das Erbe war verbraucht. Hitler hatte sich bis dahin keine feste Arbeitsstelle beschafft.
Er verkaufte selbstgemalte Postkarten. Während jener Jahre wohnte er zumeist im
Männerheim.

Rednerposen Adolf Hitlers

Was Hitlers weiteren Werdegang betrifft, so sollte nicht verschwiegen werden,
daß der Fanatiker es verstand, über Stunden an seiner Rhetorik und Gestik zu arbeiten.
Es darf jedoch nicht übersehen werden, daß Hitlers Aufstieg nicht nur auf Fleiß, sondern vor
allem auf Gewalt begründet war. Mit Gewalt, nicht durch Ausstrahlung oder Überzeugung,
wurden alle potentiellen Konkurrenten innerhalb und außerhalb der Partei beseitigt.

Lüge Nr. 7

»Hitler war ein gewissenhafter Soldat.«

Es stimmt, daß Hitler im ersten Weltkrieg mit dem Eisernen Kreuz 1. Klasse ausgezeichnet wurde. Es stimmt aber auch, daß eine Beförderung „mangels Führungskraft" verweigert wurde. Es stimmt auch, daß Hitler als Führer, Reichskanzler und Oberbefehlshaber der Wehrmacht einen Vernichtungskrieg entfachte, wie er zuvor nie dagewesen ist.
Ein Krieg, der von Anfang an als Vernichtungskrieg gegen die Zivilbevölkerung geplant war und mit allen traditionellen Ehrenkodexen (z.B. der Genfer Konvention) brach.
Zu den Elementen von Hitlers Kriegführung gehörten die Flächenbombardierung von Großstädten (Guernica als Generalprobe im spanischen Bürgerkrieg, dann Warschau, Coventry, Belgrad, Rotterdam), die Vernichtung von Millionen von Zivilisten und ein gigantischer Massenmord an Kriegsgefangenen. Eine Expertenrunde rechnete schon vor dem Angriff auf die UdSSR mit dem Verhungern von „zig Millionen Menschen". [18]

Ca. 57% der russischen Kriegsgefangenen kamen in deutscher Kriegsgefangenschaft ums Leben. Sie verhungerten, arbeiteten sich zu Tode, wurden in Massenerschießungen oder Vergasungen ermordet. (Siehe auch Lüge Nr. 20, S. 63.) Den Massenmord an politischer Intelligenz und Führungsschicht hat der „ehrenvolle" Soldat Hitler ebenfalls angeordnet. Hitler dazu, etwas später, am 2.10.1940: Für „den Polen" dürfe es nur einen Herren geben, und das sei der Deutsche; daher seien alle Vertreter der polnischen Intelligenz umzubringen. Das klinge hart, aber das sei das Lebensgesetz. [19]

Der sogenannte Kommissarbefehl (alle gefangenen politischen Kommissare der Roten Armee sind sofort zu erschießen) brach ebenfalls mit allen Vorstellungen traditioneller Kriegführung. (Siehe Lüge Nr. 16, S. 48.)

Weiterhin entband Hitler während des Ostfeldzuges seine Armee von jeder soldatischen Selbstdisziplinierung. Im sogenannten Kriegsgerichtsbarkeitserlaß wurden deutsche Soldaten von der Bestrafung wegen Verbrechen gegen die Zivilbevölkerung befreit. (Siehe Lüge 16, S. 48.)

Lüge Nr. 8

»Hitler war ein Freund der Jugend.«

Treffen der „Nationalen Opposition" 1931 in Bad Harzburg (Harzburger Front); Nationalsozialisten nach der Tagung im Kurhaus: Hitler, Brückner, Hess.

Zunächst muß wieder darauf hingewiesen werden, daß diese angebliche Freundschaft nur jenen galt, die den Vorstellungen einer nationalsozialistischen, völkischen Jugend entsprachen. (Juden, politisch Andersdenkende, Individualisten, Jazzer, Homosexuelle und „Schwererziehbare" sind nur ein Teil jener Jugend, für die Hitler keine Freundschaft empfinden konnte.) Doch auch die Jugend, die seinen arischen Idealen entsprach, scheint Hitler nicht gut genug gewesen zu sein. Hitler:

„Wir müssen einen neuen Menschen schaffen."

Es ist sicherlich richtig, daß in der nationalsozialistischen Jugendarbeit enorme Anstrengungen unternommen wurden. Dies sagt aber nur etwas über den Umfang, nicht über den Inhalt jener Jugendarbeit aus. Wer mit den Geländespielen und körperlichen Ertüchtigungen während der NS-Herrschaft romantische Freiheitsideale verbindet, der irrt. Das Ideal der Nationalsozialisten war das „Feldlager", in dem die Freiheit keinen Ort besaß.

Die Erziehungsziele der Nationalsozialisten für Jungen (Soldat, Kämpfer) und Mädchen (Mutter, Heimatfront) hatte Hitler bereits in „Mein Kampf" veröffentlicht:

„Dabei kann diese Erziehung in großen Zügen schon die Vorbildung für den späteren Heeresdienst sein. [...] Im völkischen Staat soll also das Heer nicht mehr dem einzelnen Gehen und Stehen beibringen, sondern es hat als die letzte und höchste Schule vaterländischer Erziehung zu gelten. [...] Analog der Erziehung des Knaben kann der völkische Staat auch die Erziehung des Mädchens von den gleichen Gesichtspunkten aus leiten. Auch dort ist das Hauptgewicht vor allem auf die körperliche Ausbildung zu legen, erst dann auf die Förderung der seelischen und zuletzt auf die geistigen Werte. Das Ziel der weiblichen Erziehung hat unverrückbar die kommende Mutter zu sein." [20]

„Berliner Illustrierte Zeitung", Nr. 28, 1933

28 **1938 hatte Hitler diese Ziele in die Praxis umgesetzt:**

„Dann kommt eine neue deutsche Jugend, und die dressieren wir schon von ganz kleinem an für diesen neuen Staat [...]. Diese Jugend, die lernt ja nichts anderes, als deutsch denken, deutsch handeln, und wenn nun diese Knaben mit zehn Jahren in unsere Organisation hineinkommen und dort oft zum ersten Male überhaupt eine frische Luft bekommen und fühlen, dann kommen sie vier Jahre später vom Jungvolk in die Hitlerjugend, und dort behalten wir sie wieder vier Jahre, und dann geben wir sie erst recht nicht zurück in die Hände unserer alten Klassen- und Standeserzeuger, sondern dann nehmen wir sie sofort in die Partei, in die Arbeitsfront, in die SA oder in die SS, in das NSKK usw. Und wenn sie dort zwei oder anderthalb Jahre sind und noch nicht ganze Nationalsozialisten geworden sein sollten, dann kommen sie in den Arbeitsdienst und werden dort wieder sechs oder sieben Monate geschliffen, alles mit einem Symbol, dem deutschen Spaten. Und was dann nach sechs oder sieben Monaten an Klassenbewußtsein oder Standesdünkel da oder da noch vorhanden sein sollte, das übernimmt dann die Wehrmacht zur weiteren Behandlung auf zwei Jahre, und wenn sie dann nach zwei, drei oder vier Jahren zurückkehren, dann nehmen wir sie, damit sie auf keinen Fall rückfällig werden, sofort wieder in die SA, SS usw., und sie werden nicht mehr frei ihr ganzes Leben. Und wenn mir einer sagt, ja, da werden aber doch immer noch welche übrigbleiben: Der Nationalsozialismus steht nicht am Ende seiner Tage, sondern erst am Anfang." [21]

Am 22.2.1943 starben die Mitglieder der Münchner Weißen Rose, einer studentischen Widerstandsgruppe unter dem Fallbeil. Sie wurden hingerichtet, weil sie eben nicht zu jener Jugend nach Hitlers Wunsch gehören wollten. Die letzten Worte von Hans Scholl waren: „Es lebe die Freiheit!"

Lüge Nr. 9

»Hitler mochte Kinder.«

Wie bei vielen dieser irrsinnigen, neonationalsozialistischen Behauptungen, fällt es gefühlsmäßig schwer, überhaupt darauf zu antworten. Der Sache nach läßt sich die Perversion dieser Aussage leicht entblößen.

Zunächst scheint es zu den Propagandaelementen einer jeden Diktatur zu gehören, den zum Übervater erhobenen Diktator auch als Kinderfreund darzustellen. Am Rande sei noch auf die Filmdokumente verwiesen, z.B. auf „Hitler – eine Karriere", ein Film der leicht zugänglich ist. Hier werden selbst psychologisch Unerfahrene Hitlers hölzernes und verkrampftes Verhalten im Umgang mit Kindern bemerken. [22] Die eigentliche Perversion liegt allerdings darin, zu ignorieren, daß für Hitler Kinder nur rassisches Zuchtergebnis waren und daß er für den millionenfachen Tod von Kindern und deren Eltern verantwortlich ist.

BDM-Plakat.

**Exemplarisch für die Kinder, die als Juden, Behinderte oder „slawische Untermenschen"
in Hitlers Namen ermordet wurden, verhungerten oder verwaisten, soll hier aus der Aussage
des Gefreiten Christian Farber über eine Massenerschießung in der Nähe von Cholm
zitiert werden:**

> „Es war ein furchtbares Schreien und Klagen, denn nicht jeder war durch das M.G.-Feuer tödlich getroffen. Viele Schwerverletzte wurden einfach mit Erde beworfen, wobei von den S.S.-Banditen, als Wortführer trat besonders der Feldwebel Josef Schmidt aus Freiburg hervor, bemerkt wurde: ‚Die werden dann wenigstens im Dreck ersticken.' [...] Kleine Kinder wurden an den Beinen gefaßt und mit den Köpfen gegen eine Mauer geschleudert. Ein junges Mädchen hatte sich in einer Scheune auf einem Balken versteckt. Als es von einigen S.S.-Leuten entdeckt wurde, kletterte einer hinauf, während die anderen sich unterhalb des Balkens in einem Kreis mit aufgepflanztem Seitengewehr aufstellten. Dem Mädchen wurde nun solange mit Seitengewehrstichen zugesetzt, bis es herunterspringen mußte. Es wurde buchstäblich aufgespießt." [23]

*Die Puppen von im KZ ermordeten Kindern.
Aus den Dokumenten für den Internationalen Gerichtshof Nürnberg
gegen die Hauptkriegsverbrecher.*

Lüge Nr. 10

»Hitler war ein begabter und vorausschauender Ökonom, was die verschwindende Arbeitslosigkeit und der Bau der Autobahnen belegen.«

Wenn diese Behauptung richtig wäre – was sie nicht ist – was wäre damit bewiesen? Auf keinen Fall wäre dies eine Entlastung für die während der NS-Herrschaft begangenen Verbrechen. Ist ein Mörder weniger schuldig, wenn er zugleich ein hervorragender Architekt gewesen ist? Ist ein Verbrecher kein Verbrecher mehr, nur weil er in einem anderen Betätigungsfeld Arbeitsplätze schafft?

Obwohl die Antwort auf diese Fragen selbstverständlich erscheint, erfreut sich der Ausspruch „Aber Hitler hat doch auch Gutes getan!" unerwarteter Langlebigkeit – eine Tatsache, die wahrscheinlich auf zwei Faktoren zurückzuführen ist. Der erste besteht in der angesprochenen, mangelnden Differenzierung zwischen den Fähigkeiten eines Menschen und seinem moralischen Wert als Person. Das zweite Element offenbart eine dumpfe und beängstigende Tendenz. Auch heute noch scheinen viele Menschen ein Verbrechen bewußt oder unbewußt zu relativieren, sofern dieses einen direkten oder indirekten Profit verspricht. Daß Hitler auch Gutes getan hat, schafft schließlich noch die psychologische Entlastung gegenüber dem Vorwurf, warum man mitgemacht hat, warum man sich hat „blenden" lassen.

Doch selbst auf der Ebene einer rein ökonomischen Betrachtung läßt sich die „wunderbare" Begabung des Führers und seiner Berater schnell entzaubern. Dies soll hier bezüglich der beiden oft genannten Schlagworte „Autobahn" und „Arbeitslosigkeit" geschehen.

Hitler hat die Autobahnen gebaut

Die Autobahnen sind keine Erfindungen Adolf Hitlers. Die Bezeichnung „Straßen des Führers" ist lediglich eine Wendung der Goebbelschen Propaganda. In nahezu allen Industrieländern der Welt wurden in den Zwanziger Jahren umfangreiche Straßenbaupläne erarbeitet.

Als Vorbilder galten die Mailänder „Autostrada" (gebaut 1922–23) und die amerikanischen „Highways". Auch im Deutschland der Weimar Republik besaßen diese Pläne einen nicht geringen Stellenwert. Der „Verein zur Vorbereitung der Autostraße Hansestädte-Frankfurt-Basel" (Hafraba) legte bereits 1927 einen umfassenden Entwurf für ein Autobahnnetz in Deutschland vor, nur die wirtschaftliche Rezession verhinderte die schnellere Realisierung der meisten Pläne. Auch die Verwendung des Autobahnenbaus als Arbeitsbeschaffungsmaßnahme ist schon 1932 an der Verbindung Köln-Bonn praktiziert worden. Allerdings sind 130.000 Arbeitsplätze bei fast 1,8 Mio. Arbeitslosen im Jahre 1936 auch nicht überzubewerten.
Neu am nationalsozialistischen Autobahnbau war vor allem die Tatsache, daß die Arbeitsbeschaffungsmaßnahmen zum großen Teil über die „Reichsanstalt für Arbeitsvermittlung und Arbeitslosenversicherung", also mit Arbeitnehmergeldern, finanziert wurde.
Zudem rückte für die Trassenführung immer mehr das Argument der militärischen Nutzbarkeit in den Vordergrund.

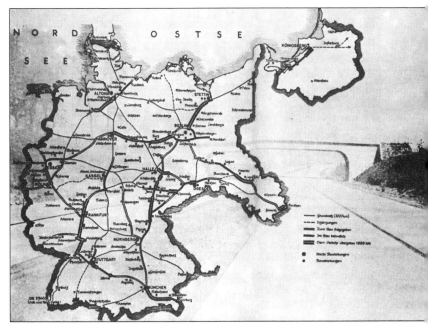

Autobahnnetz, Stand 27. September 1936.

Hitler hat den Menschen Arbeit und Brot gegeben
Es ist unbestritten, daß die Arbeitslosigkeit in den ersten Jahren des Nationalsozialismus drastisch sank. 1932 war der Höchststand von 6 bis 7 Millionen Arbeitslosen erreicht, der allerdings 1933 schon auf 4,8 Millionen sank. 1937 waren es noch etwa 1 Million. In vielen Branchen existierte bereits seit 1935 Facharbeitermangel.

Flaktransport auf der Autobahn 1941.

Es gab also in der Tat einen Abbau der Arbeitslosigkeit, der aber, schaut man hinter die Kulissen, bei weitem nicht so dramatisch war, wie uns die heutigen Neonazis vormachen wollen, denn der Hitlerstaat beherrschte alle Taschenspielertricks: So wurden die Frauen „freiwillig" aus der Produktion gedrängt (mittels eines Ehestanddarlehens, das durch die Geburt eines Kindes abbezahlt werden konnte); Löhne wurden gekürzt (die Realbruttolöhne lagen 1937 unter dem Stand von 1928, dem Tiefpunkt der Wirtschaftskrise); Betriebsräte und die freie Wahl des Arbeitsplatzes wurden abgeschafft; 1934 mußten alle Industriearbeiter, die vor weniger als drei Jahren aus der Landwirtschaft gekommen waren, wieder dorthin zurück; Arbeitsbeschaffungsprogramme und Arbeitsdienst frisierten die Arbeitslosenstatistiken; 1935 schafft die Rekrutierung von Freiwilligen für die Reichswehr 300.000 Männer vom Arbeitsmarkt; die Einführung der allgemeinen Wehrpflicht 1935 und der 2-jährigen Militärdienstpflicht 1936 tun ein übriges, um „Vollbeschäftigung" zu schaffen. Wegen der massiv gestiegenen Arbeitszeit und der gleichzeitig gesenkten Löhne ging es der Masse der Bevölkerung gar nicht so gut. Verschwiegen wird auch zumeist, daß dieser „Aufschwung" auf dem

Boden einer völlig unsoliden Finanzierung getätigt wurde. Und es war vor allem die Rüstungs-industrie, welche den Zuwachs zu verzeichnen hatte. Der Anteil von Rüstungsausgaben am Staatshaushalt stieg von 1932/33 bis 1938/39 von 7,5% auf 60% an. Die Produktion von Konsumgütern war 1936 allerdings immer noch auf einem Stand von vor 1914.

Große Anteile der Finanzierung wurde durch sogenannte „Mefo-Wechsel" getragen, ein seit 1934 eingesetztes, von Hjalmar Schacht entwickeltes Instrument der verdeckten „Vorfinanzierung" von Rüstungsausgaben (Mefo = Metallurgische Forschungsgesellschaft). Die Mefo, de facto eine völlig unterkapitalisierte Scheinfirma, stellte 5-jährige Wechsel aus, die — obschon wertlos — von jeder Bank akzeptiert wurden. So wurden bei den Banken angesammelte Ersparnisse und Vermögen des Volkes in die Kanäle der Rüstungs- und Bauwirtschaft geschleust. Dazu kamen noch Milliardenbeträge aus ebenfalls wertlosen Reichsanleihen. Eine Praxis, die darauf vertraute, die enormen Schulden nach 1938 aus den Steuereinnahmen einer gesundeten Volkswirtschaft erbringen zu können. Als aber absehbar war, daß die Staatsausgaben nicht gesenkt werden konnten und im Rüstungsbereich sogar noch stiegen, trat Schacht 1937 als Wirtschaftsminister zurück. Auf diese Weise entstand neben der ohnehin von den Nationalsozialisten geschürten Aggression fast schon ein ökonomischer Zwang zum Krieg. Der aufgeblähte Rüstungsetat sollte sich durch Eroberungen finanzieren. Die rücksichtslose Ausbeutung der besetzten Länder während des Zweiten Weltkrieges war ebenso Konsequenz dieser Wirtschaftspolitik wie die Notwendigkeit zur Währungsreform 1948.

Lüge Nr. 11

»Unter Hitler konnte man noch sicher über die Straße gehen.«

Lager für Referendare in Jüterbog, August 1933. In der Mitte der preußische Justizminister und spätere Reichskirchenminister Hanns Kerrl.

Zur Widerlegung dieser Behauptung bedarf es eines solchen Minimums an Reflexionsvermögen, daß selbst rechtsradikale Kreise diese eher selten verwenden. Vielmehr scheint es sich um ein Relikt des „Führer-Mythos" zu handeln, besonders gern von denen verwandt, die heute gerne „härter durchgreifen" würden. Nach der Machtergreifung kehrte eine relative Ruhe in das öffentliche Leben ein, jedoch war der Rückgang der Kriminalität keineswegs so spektakulär, wie die NS-Propaganda behauptete. Die Zahl der wegen Mordes oder fahrlässiger Tötung rechtskräftig Verurteilten stieg in der Zeit von 1931 bis 1937 sogar an. Drastisch zurück gingen allein Diebstahlsdelikte und zwar parallel zur Abnahme der Arbeitslosenzahl. Allerdings sollte danach gefragt werden, welchen Preis diese Ruhe gefordert hatte.

Es ist richtig, daß die Straßenkämpfe der Weimar Republik aus dem Alltagsbild Deutschlands verschwanden. Wer hätte denn auch kämpfen sollen, nachdem die Nazis flächendeckend politische Gegner verhaftet und in KZs gesperrt hatten, nachdem Parteien, Organisationen und Zeitschriften verboten worden waren? Der Straßenterror hatte jedoch insgesamt nicht aufgehört, er war nur einseitig geworden, ausgeübt vornehmlich durch die SA.

Zum Schweigen gebracht hatten die Nationalsozialisten jede Form der öffentlichen, kritischen Auseinandersetzung. Die Gleichschaltung von Presse, Universitäten und Gewerkschaften sorgte dafür, daß potentielle Kritik kriminalisiert wurde. Sicherheit im Staate Hitlers war die Sicherheit dessen, der schwieg oder zustimmte. Für alle anderen bestand täglich die Gefahr, Opfer eines staatlich legitimierten Verbrechens zu werden. Wenn Einbruch, Körperverletzung, Mord und Totschlag offiziell sanktioniert von staatlichen und halbstaatlichen Organisationen (wie Polizei, Gestapo und SA) begangen werden, welche Aussagekraft haben dann noch Kriminalstatistiken? Mörder und Gewaltverbrecher trugen Uniformen.
(Siehe auch „Lüge Nr. 54", S. 147.)

Anläßlich einer NSDAP-Kundgebung im Lustgarten marschiert die Berliner Schutzpolizei Anfang 1933 zum ersten Mal mit Hakenkreuzfahnen auf.

Lüge Nr. 12

»Hitlers Leiche wurde nie gefunden. Wahrscheinlich entkam er über Spanien nach Argentinien.«

Derartige Aussagen existieren in ungezählter Form und Zahl. Ein konkretes Ziel dieser Behauptungen ist schwer auszumachen. Vielmehr scheinen die Autoren selbst der Faszination des Hitler-Mythos erlegen zu sein.

Äußerungen Stalins, der während der Potsdamer Konferenz Hitler in Argentinien vermutete, werden oft zitiert und entsprechen der Wahrheit. Welche persönliche oder politische Erwägung den sowjetischen Diktator dazu veranlaßte, wissen wir nicht.

Tatsache ist jedoch, daß die verkohlte Leiche Adolf Hitlers 1945 wenige Schritte vom Führerbunker entfernt von Mitgliedern der Roten Armee gefunden wurde. Eine gerichtsmedizinische Kommission der Roten Armee war aufgrund von Gebißbefunden und Röntgenaufnahmen von Hitlers Zahntechniker in der Lage, die Leiche eindeutig zu identifizieren. Ab 1950 entsprach dies auch der offiziellen Darstellung der UdSSR. 1968 wurden die Untersuchungen durch das Buch des russischen Journalisten Besymenski aller Welt zugänglich gemacht. [24] Der Befund wurde von amerikanischer Seite mittels einer Röntgenaufnahme von Hitlers Schädel aus dem Jahre 1944 nochmals bestätigt.

NSDAP und Staat

Dieser Lügenkomplex stellt das genaue Spiegelbild von Kapitel I dar. Wurde zuvor versucht, Adolf Hitler zu entlasten, so wird nun die gesamte Schuld allein auf ihn geschoben, um den Nationalsozialismus - ohne den „entarteten Führer" an seiner Spitze - als segensreiche Erscheinung zu präsentieren. Ein derartiges Vorgehen wird vor allem von jenen Kreisen betrieben, die versuchen, die Existenz und Neugründung neofaschistischer und neonationalsozialistischer Parteien zu rechtfertigen.

Das Führerprinzip und die damit verbundene Zentrierung von Macht stellt aber einen der entscheidenden Wesenszüge des Nationalsozialismus dar.
Es ist deshalb völlig unmöglich, Partei und Führer scharf voneinander zu trennen. Die Partei ermöglicht den Führer und richtet sich zugleich auf dessen Person aus (vgl. S. 12). Es ist allen alten und neuen faschistischen Parteien gemeinsam, daß sie zwar eine Funktions-, aber keine Gewaltenteilung kennen.

Diejenigen, die sich um eine Imageverbesserung des Nationalsozialismus bemühen, führen in der Regel dessen „moderne Elemente" ins Feld.
Das nationalsozialistische Deutschland, so heißt es, sei modern, fortschrittlich und organisatorisch brillant gewesen. Auf die Einseitigkeit und das trügerische Wesen dieser Behauptung soll in Zusammenhang mit „Lüge Nr. 13" (s. S. 41) und „Lüge Nr. 14" (s. S. 43) genauer eingegangen werden.
An dieser Stelle sei eine generelle Vorbemerkung erlaubt.

Der Begriff „Moderne" steht zu Hitler-Deutschland und der NSDAP in einem besonderen Verhältnis. Definiert man „Moderne" als Neuartigkeit, als etwas noch nie dagewesenes, so mag es angehen, die NSDAP und Hitler-Deutschland als modern zu bezeichnen. In der Tat stellen die 12 Jahre der NS-Herrschaft ein historisch zuvor unbekanntes Maß an organisierter Grausamkeit, Terror und Vernichtung da. Ein Ausmaß, welches ohne die Verwendung moderner, mechanisch hochentwickelter Technik und hoch-organisierter Verwaltung niemals erreicht worden wäre. Unbestritten ist auch, daß es während der Naziherrschaft zu großen technischen und industriellen Fortschritten kam.

Man darf aber nicht außer acht lassen, daß diese Entwicklung, zumindest im zivilen Bereich, schon während der Jahre der Weimarer Republik begonnen hat, also nicht ursächliches Werk der Nazis war.

Abgesehen davon steht aber die gängige Definition von „Moderne" – als Aufklärung, Humanismus, demokratische Legitimation von Herrschaft und Gewaltenteilung – im krassen Gegensatz zum Nationalsozialismus. Philosophische Definitionen beschreiben „die Moderne" als reflexiv, partikularistisch und am Diesseits orientiert. Im Wesentlichen bezieht die Moderne ihre Normen nicht ungeprüft aus der Vergangenheit, sondern setzt einen permanenten Prozeß der Überprüfung ihrer Werte und Normen gegen den alten Traditionalismus.

Der nationalsozialistischen Ideologie ist solche Selbstreflexivität und Selbstlegitimation ganz und gar fremd. Gegen Reflexivität und Legitimation setzt sie das Recht des Stärkeren und eine streng hierarchische Befehlsstruktur. Partikularismus und Meinungsvielfalt waren dem nationalsozialistischen System ebenfalls wesensfremd.

Besonders ausgeprägt war der ständige Rekurs auf die nationale Vergangenheit, auf überkommene „völkische" Werte. Im ständigen Rückbezug auf die Welt der Germanen entlarvt sich die national-sozialistische Ideologie als ausdrücklich anti-modern. So spielen in den Machtinszenierungen aus germanischen Kulten übernommene Jenseitsvorstellungen eine große Rolle. Man feierte Totenkulte, sprach vom Walhall und folgte einem Führer, der sich ständig auf so wenig aufklärerische Begriffe wie „Schicksal" und „Vorsehung" berief.

Joachim C. Fest und Christian Herrendoerfer kommentieren: „Das Leben hat das Regime nie zu feiern verstanden, aber dem Kult des Todes gewann es immer neue Blendwirkungen ab." [25]

Anders als etwa beim italienischen Faschismus zeigt auch das Verhältnis der Nationalsozialisten zur bildenden Kunst, zu Musik und Literatur eine völlige Ausrichtung auf Werte und Normen der Vergangenheit.

Modern war der Nationalsozialismus also nicht seiner Ideologie nach, sondern allenfalls in der Anwendung organisatorischer und technischer Mittel, die der Durchsetzung machtpolitischer Ziele dienlich waren.

Lüge Nr. 13

» Die NSDAP war eine Partei modernen Typs. «

Unter den Klängen des Horst-Wessel-Liedes ziehen Hitler und seine „Alten Kämpfer" am 9. November 1936 vom Bürgerbräukeller zur Feldherrnhalle.

In Hinblick auf die Partei gelten alle bereits gemachten Anmerkungen zum Begriff „Moderne" (s. S. 40). Die NSDAP zeichnete sich vor allem durch einen enormen Aktionismus aus, wofür sie alle verfügbare Technik einsetzte. Inhaltlich hatte sie jedoch wenig zu bieten.
Das Parteiprogramm bestand aus 25 Punkten, die bereits am 25.2.1920 verabschiedet wurden (s. S. 42). Fast alle diese Punkte bestehen aus Verurteilungen oder Forderungen nach Veränderungen, ohne einen Alternativvorschlag oder ein praktisches Programm zu unterbreiten. [26]
Ihr Selbstverständnis bezog die Partei desweiteren aus Hitlers Schrift „Mein Kampf".
Aber auch hier finden sich keine Konzepte für gesellschaftliche oder ökonomische Probleme.
Hitlers Erklärungsmuster von Geschichte, Gesellschaft und Ökonomie bestehen im wesentlichen aus Sozialdarwinismus (der Stärkere hat Recht), Führerprinzip und Antisemitismus.
„Modern" war allerdings die Vermarktung dieser dürftigen Inhalte. Hier ist vor allem der spätere Propagandaminister Joseph Göbbels zu nennen, der es verstand, die modernen Medien zur Manipulation der Massen zu nutzen. Göbbels: „Die Propaganda ist eine Kunst der Nationalsozialisten."

Für die „modernen" Nazis war das Festhalten an mystischen Versatzstücken nie ein Problem. Die sogenannte „Standartenweihe" ist hierfür ein gutes Beispiel. Es gehörte zu den Höhepunkten der Reichsparteitage in Nürnberg, daß Hitler mit der „Blutfahne" die Standarten neuer Parteiverbände berührte. Jene „Blutfahne" war beim gescheiterten Hitlerputsch von 1923 mitgeführt worden. Der Glaube an die von einer Fahne ausstrahlenden Kraft findet seine Parallelen im mittelalterlichen Reliquienglauben.

Das Programm der Deutschen Arbeiterpartei ist ein Zeit-Programm. Die Führer lehnen es ab, nach Erreichung der im Programm aufgestellten Ziele neue aufzustellen, nur zu dem Zweck, um durch künstlich gesteigerte Unzufriedenheit der Massen das Fortbestehen der Partei zu ermöglichen.

1. Wir fordern den Zusammenschluß aller Deutschen auf Grund des Selbstbestimmungsrechtes der Völker zu einem Groß-Deutschland.

2. Wir fordern die Gleichberechtigung des deutschen Volkes gegenüber den anderen Nationen, Aufhebung der Friedensverträge von Versailles und St. Germain.

3. Wir fordern Land und Boden (Kolonien) zur Ernährung unseres Volkes und Ansiedlung unseres Bevölkerungsüberschusses.

4. Staatsbürger kann nur sein, wer Volksgenosse ist. Volksgenosse kann nur sein, wer deutschen Blutes ist, ohne Rücksichtnahme auf Konfession. Kein Jude kann daher Volksgenosse sein.

5. Wer nicht Staatsbürger ist, soll nur als Gast in Deutschland leben können und muß unter Fremdengesetzgebung stehen.

6. Das Recht, über Führung und Gesetze des Staates zu bestimmen, darf nur dem Staatsbürger zustehen. Daher fordern wir, daß jedes öffentliche Amt, gleichgültig, welcher Art, gleich, ob in Reich, Land oder Gemeinde, nur durch Staatsbürger bekleidet werden darf.

Wir bekämpfen die korrumpierende Parlamentswirtschaft einer Stellenbesetzung nur nach Parteigesichtspunkten ohne Rücksichten auf Charakter und Fähigkeiten.

7. Wir fordern, daß sich der Staat verpflichtet, in erster Linie für die Erwerbs- und Lebensmöglichkeit der Staatsbürger zu sorgen. Wenn es nicht möglich ist, die Gesamtbevölkerung des Staates zu ernähren, so sind die Angehörigen fremder Nationen (Nicht-Staatsbürger) aus dem Reiche auszuweisen.

8. Jede weitere Einwanderung Nicht-Deutscher ist zu verhindern. Wir fordern, daß alle Nicht-Deutschen, die seit 2. August 1914 in Deutschland eingewandert sind, sofort zum Verlassen des Reiches gezwungen werden.

9. Alle Staatsbürger müssen gleiche Rechte und Pflichten besitzen.

10. Erste Pflicht des Staatsbürgers muß sein, geistig oder körperlich zu schaffen. Die Tätigkeit des einzelnen darf nicht gegen die Interessen der Allgemeinheit verstoßen, sondern muß im Rahmen des Gesamten und zum Nutzen aller erfolgen.

Daher fordern wir:

11. Abschaffung des arbeits- und mühelosen Einkommens. Brechung der Zinsknechtschaft.

12. Im Hinblick auf die ungeheuren Opfer an Gut und Blut, die jeder Krieg vom Volke fordert, muß die persönliche Bereicherung durch den Krieg als Verbrechen am Volke bezeichnet werden. Wir fordern daher restlose Einziehung aller Kriegsgewinne.

13. Wir fordern die Verstaatlichung aller (bisher) bereits vergesellschafteten (Trusts) Betriebe.

14. Wir fordern Gewinnbeteiligung an Großbetrieben.

15. Wir fordern einen großzügigen Ausbau der Altersversorgung.

16. Wir fordern die Schaffung eines gesunden Mittelstandes und seine Erhaltung, sofortige Kommunalisierung der Groß-Warenhäuser und ihre Vermietung zu billigen Preisen an kleine Gewerbetreibende, schärfste Berücksichtigung aller kleinen Gewerbetreibenden bei Lieferung an den Staat, die Länder oder Gemeinden.

17. Wir fordern eine unseren nationalen Bedürfnissen angepaßte Bodenreform, Schaffung eines Gesetzes zur unentgeltlichen Enteignung von Boden für gemeinnützige Zwecke. Abschaffung des Bodenzinses und Verhinderung jeder Bodenspekulation.

18. Wir fordern den rücksichtslosen Kampf gegen diejenigen, die durch ihre Tätigkeit das Gemeininteresse schädigen. Gemeine Volksverbrecher, Wucherer, Schieber usw. sind mit dem Tode zu bestrafen, ohne Rücksichtnahme auf Konfession und Rasse.

Ausschnitt aus dem Parteiprogramm der NSDAP.

Lüge Nr. 14

» Deutschland unter den Nationalsozialisten war ein moderner, kulturell, wirtschaftlich und wissenschaftlich fortschrittlicher Staat. «

Diese Behauptung ist lediglich eine Erweiterung der vorgehenden (s. „Lüge Nr. 13", S. 41). Die Modernität des nationalsozialistischen Deutschlands war technischer, nicht politischer oder gar ethischer Natur (s. S. 40).

Es gelang dem Regime, mittels Radio, Kino, gleichgeschalteter Presse und Massenveranstaltungen große Teile des deutschen Volkes zu erreichen und teilweise auch zu mobilisieren. Die Mobilisierung der Menschen diente jedoch vorrangig der Zerstörung: Parteitage und andere Massenveranstaltungen beschworen eine „Schicksalsgemeinschaft", eine „Wagenburgmentalität", die auch die Zustimmung zum „totalen Krieg" bestärkte.

Regiert wurde Deutschland jedoch von einem Regime, das sich in permanenten Kompetenzstreitigkeiten und Machtkämpfen zwischen Partei- und Staatsorganen verfing und die Probleme bald nur noch mit Sondervollmachten zu lösen wußte. Zudem isolierte man sich selbst von allen internationalen Entwicklungen und bekämpfte jede Pluralität im eigenen Land. Vor allem aber nahm man Abschied von der Instanz, deren Erkämpfung in der Geschichtsschreibung den Beginn der Neuzeit markiert: Gewaltenteilung und Rechtsstaat. Deutschland war unter den Nationalsozialisten ein Land ohne Verfassung.

Die Weimarer Verfassung war durch das „Reichstagsbrandgesetz" außer Kraft gesetzt worden. Da während der gesamten 12 Jahre des NS-Regimes keine neue Verfassung verabschiedet wurde, bedeutete dies einen permanenten Ausnahmezustand. In der Verordnung des Reichspräsidenten zum Schutz von Volk und Staat vom 28.2.1933, die die „gesetzliche" Grundlage des Hitler-Staates darstellte, heißt es in §1:

„Die Artikel 114, 115, 117, 118, 123, 124 und 153 der Verfassung des Deutschen Reiches werden bis auf weiteres außer Kraft gesetzt. Es sind daher Beschränkungen der persönlichen Freiheit, des Rechts der freien Meinungsäußerung, einschließlich der Pressefreiheit, des Vereins- und Versammlungsrechts, Eingriffe in das Brief-, Post-, Telegraphen- und Fernsprechgeheimnis, Anordnungen von Hausdurchsuchungen und von Beschlagnahmen sowie Beschränkungen des Eigentums auch außerhalb der sonst hierfür bestimmten gesetzlichen Grenzen zulässig." [27]

Verordnung vom 28. Februar 1933.

Reichsgesetzblatt

1933	Ausgegeben zu Berlin, den 24. März 1933	Nr. 25

Inhalt: Grieg zur Behebung der Not von Volk und Reich. Vom 24 März 1933 .... S. 141

Aus der Weimarer Reichsverfassung

Art. 48
Der Reichspräsident kann, wenn im Deutschen Reich die öffentliche Sicherheit und Ordnung erheblich gestört oder gefährdet wird, ... erforderlichenfalls mit Hilfe der bewaffneten Gewalt einschreiten. Zu diesem Zweck darf er vorübergehend die in den Art. 114, 115, 117, 118, 123, 124, 153 festgesetzten Grundrechte ganz oder zum Teil außer Kraft setzen.

Art. 114
Die Freiheit der Person ist unverletzlich ...

Art. 115
Die Wohnung jedes Deutschen ist für ihn eine Freistätte und unverletzlich ...

Art. 117
Das Briefgeheimnis ist unverletzlich.

Art. 118
Jeder Deutsche hat das Recht, innerhalb der Schranken der allgemeinen Gesetze seine Meinung durch Wort, Bild, Schrift und Druck oder sonstige Weise frei zu äußern ... eine Zensur findet nicht statt.

Art. 123
Alle Deutschen haben das Recht, sich ohne Abmeldung oder besondere Erlaubnis friedlich und unbewaffnet zu versammeln ...

Art. 124
Alle Deutschen haben das Recht, zu Zwecken, die den Strafgesetzen nicht zuwiderlaufen, Vereine und Gesellschaften zu bilden.

Art. 153
Das Eigentum wird von der Verfassung gewährleistet. Eine Enteignung kann nur zum Wohle der Allgemeinheit und auf gesetzlicher Grundlage vorgenommen werden.

Aus der „Verordnung zum Schutz von Volk und Staat"

Die Artikel 114, 115, 117, 118, 123, 124 und 153 der Verfassung des Deutschen Reiches werden bis auf weiteres außer Kraft gesetzt. Es sind daher Beschränkungen der persönlichen Freiheit, des Rechts der freien Meinungsäußerung einschließlich der Pressefreiheit, des Vereins- und Versammlungsrechts, Eingriffe in das Brief-, Post-, Telegraphen- und Fernsprechgeheimnis, Anordnungen von Hausdurchsuchungen und Beschlagnahmen sowie Beschränkungen des Eigentums auch außerhalb der sonst hierfür bestimmten gesetzlichen Grenzen zulässig.

Wehrmacht

Die Rolle der deutschen Wehrmacht während des Zweiten Weltkrieges gehört zu den wohl dunkelsten Kapiteln der deutschen Geschichte und des deutschen Selbstverständnisses. Lange Zeit wurden daher die Verbrechen der deutschen Wehrmacht von der Erforschung der NS-Vergangenheit ausgenommen. Ein Fehler, der sehr bald beunruhigende Folgen haben sollte. Mittlerweile existiert innerhalb rechtsradikaler Kreise eine eigenständige Richtung, die sich weniger mit der NSDAP denn mit der deutschen Wehrmacht identifiziert und die sich um die Reichskriegsflagge als einigendes Symbol schart (als Nazisymbol ist das Zeigen der Flagge inzwischen verboten). Die Aufarbeitung der Wehrmachtsverbrechen hat erst in den letzten Jahren eine breitere Öffentlichkeit erreicht. Besonders die Ausstellung „Vernichtungskrieg. Verbrechen der Wehrmacht 1941 bis 1944" (sowie das gleichnamige, von Hannes Heer und Klaus Naumann herausgegebene Buch) regten eine neuerliche Diskussion an. [28]

Schon 1920 (Kapp-Putsch):
Gegen die Demokratie kämpfende Soldaten mit Reichskriegsflagge.

Massenerschießung durch die Wehrmacht (2. Weltkrieg, Ostfront).

Es kann und soll an dieser Stelle nicht darum gehen, alle 19 Millionen Soldaten, die die Wehrmacht während des zweiten Weltkrieges durchliefen, pauschal zu verurteilen.
Altbundeskanzler Helmut Schmidt bemerkte hierzu in einer Diskussionsrunde der Wochenzeitung „Die Zeit":

„Ich möchte, daß die Fakten bekannt und moralisch bewertet werden. Aber man schneidet sich selber den Erfolg ab, wenn man zunächst einmal pauschal 19 Millionen beleidigt oder aber die Kinder von 19 Millionen glauben läßt, ihre Eltern seien die Schuldigen – und man selber sei nun aufgeklärt, moralisch in Ordnung und wäre, hätte man damals gelebt, Widerstandskämpfer geworden!" [29]

Ein Soldat, der seinen Dienst in Norwegen oder Dänemark verrichtete, mag ein anderes Bild vom Krieg erhalten haben als jener, der am Vernichtungskrieg im Osten teilnahm. Auch an der Ostfront muß mit Sicherheit nach Regionen, Divisionen, Einheiten und Zeitabschnitten differenziert werden. Die vorhandene Quellenlage belegt jedoch eindeutig, daß nicht unbeträchtliche Teile der deutschen Wehrmacht vom Holocaust wußten oder sogar aktiv an ihm beteiligt waren.

Es kann auch kein Zweifel daran bestehen, daß die Wehrmacht Millionen sowjetischer Kriegsgefangener gezielt zu Tode kommen ließ und ebenfalls einen Vernichtungsfeldzug gegen die Zivilbevölkerung mehrerer, zumeist osteuropäischer Länder führte. Aus diesem Grund sollte peinlich darauf geachtet werden, daß die Wehrmacht zumindest immer auch unter diesen Gesichtspunkten betrachtet wird.
Einer Glorifizierung der Wehrmacht kann und muß daher, auf der Basis der vorhandenen Quellen, entschieden entgegengetreten werden.

Lüge Nr. 15

» Die deutsche Wehrmacht erfüllte ihre Aufgabe der Verteidigung von Volk und Vaterland, ohne jedoch Schuld an Hitlers Krieg zu haben. «

Schon am 3. Februar 1933 hielt Hitler eine Ansprache vor der Generalität der Wehrmacht. Darin heißt es unter anderem:

> „Völlige Umkehrung der gegenwärt. innenpol. Zustände in D. Keine Duldung der Betätigung irgendeiner Gesinnung, die dem Ziel entgegensteht (Pazifismus!). Wer sich nicht bekehren läßt, muß gebeugt werden. Ausrottung des Marxismus mit Stumpf und Stiel. Einstellung der Jugend und des ganzen Volkes auf den Gedanken, daß nur d. Kampf uns retten kann u. diesem Gedanken gegenüber alles zurückzutreten hat. [...] Todesstrafe für Landes- u. Volksverrat [...] Beseitigung des Krebsschadens der Demokratie! [...] Eroberung neuen Lebensraums im Osten u. dessen rücksichtslose Germanisierung." [30]

Im bereits zitierten Hoßbach-Protokoll hat Hitler seine Kriegsziele noch einmal ganz deutlich gemacht. (Hoßbach-Protokoll: siehe „Lüge Nr. 2", s. S. 15)
Die deutsche Wehrmacht war also früh über die Kriegspläne der Nationalsozialisten informiert.Gegenüber Argumenten, die versuchen, die Wehrmacht als reine Verteidiger eines unglücklichen Volkes darzustellen, kann man darauf verweisen, daß allen Kriegshandlungen des zweiten Weltkrieges ein deutscher Angriff vorausging.

Weiter hat die deutsche Wehrmachtsführung schon 1934 als Preis für die Ausschaltung der SA Hitler als Nachfolger des totkranken Hindenburg und als obersten Befehlshaber der Armee akzeptiert. Am 30. Juni 1934 wurde die SA-Führung liquidiert. Die Wehrmachtsführung versprach in einer Erklärung vom 1. Juli 1934 Dank durch „Treue und Ergebenheit". Ein erster Schritt: Ab dem 2. August 1934 wurde die Reichswehr auf Hitler persönlich vereidigt.

Lüge Nr. 16

» Die deutsche Wehrmacht führte einen ehrenvollen Kampf und ist klar von den durch Partei und SS begangenen Verbrechen zu trennen. «

Es gab eine sehr enge Verbindung zwischen Partei und Wehrmacht. Noch bevor gemäß der antijüdischen Gesetzgebung Ende Februar 1934 verboten wurde, Juden zum Militärdienst einzuberufen, hatte die Reichswehr von sich aus schon im Dezember 1933 die Beachtung des Arier-Paragraphen bei der Ernennung von Offiziersanwärtern gefordert und Juden aus der Wehrmacht entlassen.

Hitler war nicht nur Partei- und Staatsführer, sondern zugleich auch oberster Befehlshaber des Heeres. Erstmals wurde die Wehrmacht 1934 auf ihn vereidigt (s. Lüge „Nr. 15", S. 47).

Am 30.6.1934 und 1.7.1934 wurden Röhm und andere SA-Führer sowie viele andere politische Widersacher wegen eines angeblichen Putschversuches erschossen. Hitler vor dem Reichstag am 13.7.1934: „Ich habe Befehl gegeben, die Hauptschuldigen an diesem Verrat zu erschießen."

In Wirklichkeit hatte hinter den Kulissen ein Machtkampf um die Rolle der Wehrmacht stattgefunden. Konservativ gesinnte Kreise, zu denen auch die Wehrmachtsführung gehörte, waren zutiefst erschreckt über den Radikalismus und die Gewalttätigkeit der SA.

Die SA ihrerseits drängte auf die Weiterführung der Revolution, die „Zweite Revolution von unten". Außerdem war der SA vor der Machtergreifung zugesichert worden, die Grundlage der Streitkräfte des neuen Regimes zu bilden. „Die konservativen Generäle hingegen erkannten sehr richtig, daß die Absichten der SA die gegenwärtige Verfassung der Wehrmacht gefährdeten: Die SA wollte eine auf revolutionärer Ideologie fußende Volksarmee errichten, sie wollte weder den preußischen Militarismus erhalten noch seiner Tradition folgen." [31]

Hitler bevorzugte demgegenüber eine „legale" Lösung, er wollte nicht die Auflösung der Reichswehr, sondern deren Kontrolle. Hier spielte die Reichswehrführung mit. Sie akzeptierte den Deal: Hitlers Anerkennung als Führer und Kanzler gegen die Ausschaltung der SA als

	Reich und eingegliederte Gebiete	Besetzte Gebiete			Neu überfallene Gebiete		
					Rückwärtige Heeresgebiete	Rückwärtige Armeegebiete	Korps-Gebiete
Art des Territorialkommandos	Wehrkreisbefehlshaber*	Wehrmachtbefehlshaber (WB)	Oberbefehlshaber (OB)	Militärbefehlshaber (MB) Befehlshaber eines bestimmten Gebiets Deutscher General in einem bestimmten Gebiet	Befehlshaber rückwärtiges Heeresgebiet	Kommandeur rückwärtiges Armeegebiet (Korück)	Korpskommandeur
Unterstellt dem	Oberbefehlshaber des Heeres / Befehlshaber des Ersatzheeres	Chef OKW (Keitel)	Oberbefehlshaber des Heeres (Brauchitsch, gefolgt von Hitler)	Oberbefehlshaber des Heeres oder Gebietsoberbefehlshaber oder Befehlshaber der Heeresgruppe	Befehlshaber der Heeresgruppe	Armeebefehlshaber	Armeebefehlshaber

Die territoriale Organisation des Heeres.
(nach R. Hilberg: Die Vernichtung der europäischen Juden. Frankfurt: Fischer-Verlag 1990)

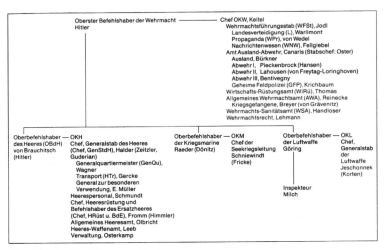

Die militärische Vernichtungsmaschinerie.
(nach R. Hilberg: Die Vernichtung der europäischen Juden. Frankfurt: Fischer-Verlag 1990)

waffentragende Truppe. Und so veranstalteten SS-Verbände mit logistischer Unterstützung der Reichswehr (Waffen, Munition, Transport und Unterkunft) am 30. Juni 1934 die „Nacht der langen Messer". Hitler erlangte dadurch das Vertrauen der konservativen staatlichen Institutionen und des Kapitals, die Reichswehr hatte sich damit endgültig mit dem Nazisystem verbrüdert, und die SS, bislang in die SA integriert, wurde zur Belohnung ein eigenständiger Verband, der auch weiterhin eng mit der Wehrmacht kooperierte.

Was die angeblich ehrenvolle Kriegführung betrifft, so sollte darauf hingewiesen werden, daß die Wehrmacht nicht nur ohne Kriegserklärungen in andere Länder (z.B. Polen) einfiel, sondern auch die Neutralität von Staaten wie Belgien und Holland mißachtete.
In Hitlers Weisung vom 11.4.1939 zur Angriffsvorbereitung gegen Polen („Fall Weiß") heißt es u.a. (Auszug):

> „3. Aufgaben der Wehrmacht
>
> Die Aufgabe der Wehrmacht ist es, die polnische Wehrmacht zu vernichten. Hierzu ist ein überraschender Angriffsbeginn anzustreben und vorzubereiten. Die getarnte oder offene allgemeine Mobilmachung wird erst am Angriffsvortag zu dem spätest möglichen Termin befohlen werden." [32]

Zu diesem Überraschungsangriff gehörte auch, daß das deutsche Marineschiff „Schleswig-Holstein", welches zu Gast in Polen war, unerwartet das Feuer eröffnete.
Es war die Luftwaffe der Wehrmacht, die erstmals in der Geschichte Flächenbombardements gegen Großstädte geflogen ist, nachdem sie 1937 im völlig ungeschützten spanischen Guernica schon einmal Flächenbombardements gegen die Zivilbevölkerung „geübt" hatte und mit der „Legion Condor" im spanischen Bürgerkrieg neue Kampftaktiken und Kriegsgerät erpobt hatte.

Besonders im Osten hat sich die deutsche Wehrmacht gigantischer Verbrechen an Kriegsgefangenen und an der Zivilbevölkerung schuldig gemacht. Die folgenden Quellen belegen nicht nur die Verbrechen der Wehrmacht, sondern auch die Tatsache, daß das deutsche Heer unter Richtlinien kämpfte, die jedem Völkerrecht widersprachen.

Erschießungen in Pančevo (Jugoslawien) am 22. April 1941.

Erlaß Hitlers über die Aufhebung der Kriegsgerichtsbarkeit im Gebiet „Barbarossa" vom 13.5.1941 (Auszüge):

„[...] Gegen Ortschaften, aus denen die Wehrmacht hinterlistig oder heimtückisch angegriffen wurde, werden unverzüglich auf Anordnung eines Offiziers in der Dienststellung mindestens eines Bataillons- usw. Kommandeurs kollektive Gewaltmaßnahmen durchgeführt, wenn die Umstände eine rasche Feststellung einzelner Täter nicht gestatten.
5. Es wird ausdrücklich verboten, verdächtige Täter zu verwahren, um sie bei Wiedereinführung der Gerichtsbarkeit über Landeseinwohner an die Gerichte abzugeben.
[...]
Behandlung der Straftaten von Angehörigen der Wehrmacht und des Gefolges gegen Landeseinwohner
1. Für Handlungen, die Angehörige der Wehrmacht und des Gefolges gegen feindliche Zivilpersonen begehen, besteht kein Verfolgungszwang, auch dann nicht, wenn die Tat zugleich ein militärisches Verbrechen oder Vergehen ist [...]" [33]

Richtlinien für die Behandlung politischer Kommissare vom 6.6.1941 (Auszüge):

„1. In diesem Kampf ist Schonung und völkerrechtliche Rücksichtnahme diesen Elementen gegenüber falsch. Sie sind eine Gefahr für die Sicherheit und schnelle Befriedung der eroberten Gebiete.
2. Die Urheber barbarisch asiatischer Kampfmethoden sind die politischen Kommissare. Gegen diese muß daher sofort und ohne weiteres mit aller Schärfe vorgegangen werden. Sie sind daher, wenn im Kampf oder bei Widerstand ergriffen, grundsätzlich sofort mit der Waffe zu erledigen. [...] Bei der Beurteilung der Frage, ob ‚schuldig oder nicht schuldig', hat grundsätzlich der persönliche Eindruck von der Gesinnung und Haltung des Kommissars höher zu gelten als der vielleicht nicht zu beweisende Tatbestand." [34]

Deutsche Soldaten brennen ein weißrussisches Dorf nieder.

Hungernde russische Kriegsgefangene versuchen Wäschestücke gegen Brot zu tauschen.

Befehl des Oberbefehlshabers der 6. Armee, von Reichenau, vom 10.10.1941 zum Verhalten der Truppe im Ostraum (Auszüge):

„Fern von allen politischen Erwägungen der Zukunft hat der Soldat zweierlei zu erfüllen:

1. die völlige Vernichtung der bolschewistischen Irrlehre, des Sowjetstaates und seiner Wehrmacht,

2. die erbarmungslose Ausrottung artfremder Heimtücke und Grausamkeit und damit die Sicherung des Lebens der deutschen Wehrmacht in Rußland.

Nur so werden wir unserer geschichtlichen Aufgabe gerecht, das deutsche Volk von der asiatisch-jüdischen Gefahr ein für allemal zu befreien." [35]

In den Briefen, die deutsche Soldaten nach Hause schickten, und ihren Aussagen nach der Gefangennahme finden sich weitere Belege für den Massenmord an den sowjetischen Kriegsgefangenen.
Aussage des Obergefreiten Karl Frei, 7.8.1943:

„Bericht!

Über die Behandlung von Rotarmisten in deutscher Kriegsgefangenschaft!

Im Dezember 1941 kam ich mit dem Land.Schutzbtl. 889 nach Pleskau. Hauptmann Friedrich Schnattinger von der I. Komp. erklärte uns, daß wir im Kriegsgefangenenlager Pleskau sofort etwas zu tun bekommen.

30 Mann der I. Komp., darunter auch ich, wurden als Bewachung abgestellt. Im Lager wurden wir einem Leutnant vom Stammpersonal des Lagers unterstellt. Die Lebenslage der Gefangenen im Lager war furchtbar. Die Gefangenen mußten bei 40 Grad Kälte in Erdlöchern bei einer kärglichen Verpflegung von einem Teller Wassersuppe aus verfaulten Kartoffeln leben. Brot wurde keines verabreicht. Die Folge davon war, daß die Gefangenen bis aufs

Skelett abmagerten und täglich 70-80 aus Hunger starben. 4 Gefangene waren dazu eingeteilt, um aus den Erdlöchern jeden Tag morgens die Toten herauszutragen und auf den Schlitten zu verladen. Dabei kam es vor, daß die Gefangenen von den Toten Fleischstücke abschnitten. Um dagegen Abhilfe zu schaffen, gab der Leutnant einen Befehl, alle diejenigen Gefangenen zu erschießen, die dabei erwischt wurden und in deren Nähe die Toten mit den ausgeschnittenen Fleischstücken gefunden wurden. Durch diesen Befehl wurden wieder täglich 5-6 Rotarmisten als abschreckendes Beispiel erschossen.

Später gingen wir dann mit den Gefangenen in den Wald auf Arbeit, von diesem Zeitpunkt an bekamen nurmehr die Gefangenen zu essen, welche zur Arbeit gingen. Alle anderen, die nicht mehr konnten, ließ man hungern u. sterben, 5 Mann und ein Obergefr. hatten je 100 Gefangene in den Wald zur Arbeit zu führen. [...] Um 16 Uhr sollten wir wieder in das Lager zurück, hier kam aber das Schreckliche. Von den Gefangenen am Feuer rührten sich 10-15 Mann nicht mehr. Sie waren vom Leiden erlöst und tot. Die anderen, die noch lebten, aber nicht mehr gehen konnten, mußten mitgeschleppt werden. Auf der Straße angekommen hielten wir Schlitten an, um so mit den ganz Schwachen ins Lager zu kommen. Beladene Schlitten konnten wir nicht anhalten, denn diese wären geplündert worden.

Am nächsten Tag gab der Leutnant den Befehl, die nicht mehr gehen können nicht mehr ins Lager zurückzuschleppen, nicht viele Geschichten zu machen und im Wald gleich zu erschießen. Viele der Gefangenen baten sogar selbst darum, erschossen zu werden, denn sie konnten die Qualen nicht mehr aushalten. [...] So ging es täglich weiter, mit 100 Gefangenen rückten wir jeden morgen aus, und mit 60-70 Gefangene kamen wir zurück ins Lager. Also blieben täglich 30-40 verhungerte oder erschossene Gefangene im Wald tot zurück. 3 Monate hindurch war täglich dasselbe. Von den 5.000 Gefangenen bleiben bis zu diesem Zeitpunkt, wo wir abgelöst wurden, zirka 500-600 übrig. Wegen Verlausung und Fleckfieber wurde dann unsere Wachmannschaft von diesem Lager abgelöst. Ich und andere Kameraden von der Wachmannschaft kamen in Quarantäne." [36] [Orthographisch bearbeitete Textfassung]

Neben den gefangenen Angehörigen der Roten Armee war auch die russische Zivilbevölkerung gewaltigen Leiden ausgesetzt. Namenhafte Historiker wie Jost Dülffer weisen darauf hin, daß „die gesamten Menschenverluste der Sowjetunion bis heute nicht einmal der Größenordnung nach bekannt sind. Bis Ende der 80er Jahre sprach man von 20 Mio. Menschen, derzeit werden auch 27,5 bis 40 Mio. Opfer genannt, darunter 7,8 Mio. Soldaten, 20 bis 25 Mio. Zivilisten." [37]

Die unbarmherzige Härte, mit der gegen die sowjetische Bevölkerung vorgegangen werden sollte, war auch eine Konsequenz der Ideologie Adolf Hitlers, der plante, die eroberten Landstriche zu „germanisieren" und als neuen Lebensraum des deutschen Volkes zu nutzen. Für die Millionen von Menschen, die diesen Raum bereits besiedelten, war daher „keine Verwendung" mehr. Der daraus resultierende Völkermord traf auf nur wenig Widerspruch. Kritik wurde vor allem aus wirtschaftlichen, nicht aus moralischen Gründen geübt, da die „Germanisierung" nur schleppend vorankam und die Arbeitskraft der sowjetischen Bevölkerung benötigt wurde.

Am 2.12.1941 bemerkte ein Wirtschaftsbeamter:

> „Wenn wir die Juden totschießen, die Kriegsgefangenen umkommen lassen, die Großstadtbevölkerung zu erheblichen Teilen dem Hungertod ausliefern, im kommenden Jahre auch einen Teil der Landbevölkerung durch Hunger verlieren werden, bleibt die Frage unbeantwortet: Wer denn hier eigentlich Wirtschaftswerte produzieren soll." [38]

In welch gewaltigem Umfang die Wehrmacht an diesem Völkermord beteiligt war, ist von deutschen Soldaten selbst in Briefen, Tagebuchaufzeichnungen oder Zeugenaussagen festgehalten worden. Aussage des Gefreiten Alfred Scholz, 15.8.1943:

> „Ich Kriegsgefangener Alfred Scholz II/A.R. II, II. Div. klage den Generalleutnant Bäckmann, Kommandeur der II. Infanterie Division, wohnhaft in Königsberg-Ostpreußen an, weil auf seinen Befehl vom Dezember 1941 viele sowjetische Ortschaften, darunter mir bekannt die Ortschaften: Salesje, Chotovo, Kriwaschi, Andrejewo, Bor und Tuchany, sämtliche im östlichen Gebiet von Leningrad gelegen, systematisch bei dem Rückzug der II. Inf. Division im Dezember 1941 niedergebrannt wurden und dadurch die in diesen Ortschaften wohnenden Zivilpersonen erbarmungslos der grimmigen Kälte von mehr als 30-40 Grad ausgesetzt waren. Ich selbst sah russische Frauen und Kinder erfroren im Schnee liegen. Dies ist ein riesiges Verbrechen an der russischen Zivilbevölkerung. Niedergebrannt wurden die Ortschaften von dem Pionierbatl. der II. Division. Diese Tatsache kann der Wachmeister Erich Prasmo vom II/A.R. II ebenfalls in Kriegsgefangenschaft Lager 165 bezeugen." [39]

Unteroffizier Hansgeorg Kohl berichtet von Grausamkeiten gegen polnische Zivilisten 1939, die die Wehrmacht als gerechte Vergeltung für Partisanenaktivitäten ansah:

> „Daraufhin wurden die 5 übrigen Kompanien eingesetzt, das Dorf umzingelt, die gesamte Bevölkerung, Männer, Frauen u. Kinder mußten sich, nachdem sie die Gräber für die deutschen Gefallenen geschaufelt hatten, auf die Straße einer neben den

anderen legen. Dann fuhren Raupenschlepper über sie hin
u. zermalmten sie. Auf diese Weise wurden 80 bis 90 Personen
aus Rache getötet." [40]

Für die Erschießung von 2.100 kommunistischen und jüdischen Geiseln bestimmte Böhme, Kommandierender General in Serbien, ganz bewußt Wehrmachtseinheiten.

„Die Erschießungskommandos sind von 342. Division (KZ Sabac)
und Nachrichtenabteilung 449 (für Belgrad) zu stellen." [41]

Böhme legte einen exakten Schlüssel fest: Für jeden getöteten Soldaten oder Volksdeutschen sollten 100 Geiseln erschossen werden, für jeden Verwundeten 50. Böhme ordnete an, daß die Erschießungen von der Truppe durchzuführen seien, und nicht etwa von Einsatzgruppen oder SS.

Brief des Rittmeisters K. H. vom 30.1.1943 (Auszüge):

„Der erste Fehler war, daß wir die russischen Gefangenen von
1941 verkommen ließen [...]
Der zweite Fehler war die Behandlung der bäuerlichen Belange
[...]
Schieberei im ganzen Ostraum ist eine weitere Sünde, die das
Unheil hervorbringt, die ‚Lösung der Judenfrage' die vierte
[...]" [42]

Was die ehrenvolle Verteidigung des eigenen Volkes betrifft, so kann nur darauf verwiesen werden, daß die Wehrmacht bis zuletzt dem Führer die Treue hielt und somit die Zerstörung Deutschlands nicht durch eine frühzeitige Kapitulation beendete.
Während des sogenannten „Volkssturms" schreckte auch die Wehrmacht nicht davor zurück, Alte, Frauen und Kinder in einem sinnlosen Kampf an die Front zu werfen. [43]

*Drei Flakhelfer
– bei Luftangriffen
schwer verwundet.*

Lüge Nr. 17

»Die Wehrmacht war nicht am Holocaust beteiligt.«

Diese Behauptung stellt eine Einheit mit „Lüge Nr.16" (s. S. 48) dar. Es wird versucht, die Wehrmacht als eine Armee darzustellen, die trotz aller Schwierigkeiten und erheblicher Befehlsnotstände ein tadelloses Verhalten an den Tag legte. Da die meisten Jugendlichen über die verbrecherische Kriegsführung der deutschen Wehrmacht, wie sie in „Lüge Nr.16" nachgewiesen wurde, nicht informiert sind, fallen derartige Behauptungen auf fruchtbaren Boden. Es genügt ihnen zu erfahren, daß die Wehrmacht angeblich nicht am Holocaust beteiligt war. Als Entgegnung sei zunächst auf „Lüge Nr.16" verwiesen, wo auf die eigenständige Rolle der Wehrmacht beim systematischen Völkermord, beim Mord an Kriegsgefangenen und Zivilisten sowie bei umfangreichen Verstößen gegen das Kriegsrecht eingegangen wird. Außerdem war der von der Wehrmacht geführte Vernichtungs- und Eroberungskrieg die Voraussetzung für den Holocaust jenseits der deutschen Grenzen und für Hitler der geeignete Deckmantel für die geheime Operation „Endlösung der Judenfrage".

Zwangsarbeit im Dienst der Wehrmacht, Weißrussland 1941.

Wo immer deutsche Wehrmachtsverbände bei ihrem Krieg im Osten einmarschierten, folgten ihnen die „Einsatzgruppen", deren Ziel es nach dem Einsatzbefehl Heydrichs (2.7.1941) war, die „sicherheitspolitische Befriedung der neu zu besetzenden Gebiete [...] mit rücksichtsloser Schärfe auf umfassendstem Gebiet durchzuführen." Die Einsatzgruppen waren gegliedert in Einsatzkommandos für jedes Armeekorps. Ziel dieser Kommandos war die Erfassung und Liquidierung aller Feinde der Armee und der Deutschen, z.B. kommunistische Funktionäre, sonstige radikale Elemente und vor allem Juden. Die Einsatzkommandos operierten sofort hinter der Front und zwar sehr „erfolgreich": Bis zum Frühjahr 1943 hatten die Einsatzgruppen (teilweise mit Unterstützung der Wehrmacht, der Polizei und regionaler faschistischer Einheiten) 1,25 Millionen Juden und Hunderttausende Sowjets ermordet, das heißt für gewöhnlich erschossen. Die Einsatzkommandos waren „fachlich" dem Reichssicherheitshauptamt (RSHA), der Organisationszentrale des Holocaust unterstellt, organisatorisch den einzelnen Heeresverbänden. Die Zusammenarbeit mit dem Heer wurde von den Einsatzgruppen immer wieder gelobt. Für viele Militärs war es einfach eine „Frage des Selbstschutzes" gegen die „unverbesserliche jüdisch-bolschewistische Gemeinde" vorzugehen. So war die Wehrmacht immer wieder bedenkenlos bereit, Juden an die Einsatzgruppen auszuhändigen, selbst Einsatzgruppen anzufordern oder sich an den Morden aktiv zu beteiligen. Die Berichte der Einsatzgruppen sind noch sehr detailliert erhalten. Belegt sind etwa 900.000 meist durch Erschießen Ermordete.

Deswegen kann kein Zweifel daran bestehen, daß große Teile der Wehrmacht über die Ermordung der europäischen Juden zumindest informiert waren, wenn sie nicht sogar aktiv daran beteiligt gewesen sind. Die Wehrmacht stellte Transportmöglichkeiten zur Verfügung, ließ Menschenversuche durchführen, verschickte Kriegsgefangene in KZs und führte selbst Massenerschießungen durch.

Die folgende Aussage des Soldaten Günter Drechsel ist nur *ein* Beleg für die Zusammenarbeit von Wehrmacht und Einsatzgruppen.

```
„Soldat Günter Drechsel 5./A.R. 195, 95. I.D.:
Im Juli 1941 lag unsere Division kurz vor Shitomir. In der
Truppe verbreitete sich das Gerücht, daß in einer nahen
Ortschaft, ca. 80 km westlich Shitomir, ca. 200 Personen hin-
gerichtet werden sollten. Zum größten Teil Juden, weil sie
angeblich deutsche Soldaten mißhandelt hätten. Ich habe mir
diese Massenhinrichtung einige Minuten mit angesehen, es war
schauderhaft. Alle mußten sich selbst ihr Grab schaufeln und
wurden dann von Soldaten der 95. I.D. und einer SS-Einheit
erschossen. Bis spät in die Nacht hinein war das Gewehrfeuer der
Execution zu hören. Den Befehl zu dieser Greueltat gab General
Sixt von Arnim, Kdr. der 95. I.D." [44]
```

Daß die Wehrmacht auch in eigener Regie am Holocaust teilnahm, läßt sich ebenfalls vielfach dokumentieren.

Ein deutscher Soldat berichtet seinen Eltern voller Stolz über seine Mordaktionen gegen Juden, da die angeblich deutsche Soldaten getötet hätten (Auszüge):

„Tarnopol 6.7.1941

Liebste Eltern!

[...] Jetzt müssen die Juden die Toten aus dem Keller herauftragen, schön hinlegen und dann werden ihnen die Schandtaten gezeigt. Hierauf werden sie nach Besichtigung der Opfer erschlagen mit Knüppeln und Spaten. Bis jetzt haben wir zirka 1.000 Juden ins Jenseits befördert, aber das ist viel zu wenig für das, was die gemacht haben. [...]

Viele Grüße   Euer Sohn   Franzel." [45]

Ein Jahr, nachdem die deutsche Wehrmacht Jugoslawien überfallen und aufgeteilt hatte, wurde Serbien, wo zuvor 17.000 Juden lebten, stolz als einziges Land „juden- und zigeunerfrei" gemeldet.

Der bereits erwähnte Kommandierende General Böhme und sein Militärverwaltungschef Turner trieben die Vernichtung der jüdischen Bevölkerung sowie der in Serbien lebenden Roma und Sinti massiv voran. In nur einem Jahr erfolgte die Internierung in Gettos, die Erschießung der männlichen Juden durch reguläre Wehrmachtseinheiten und kurze Zeit später die Vergasung von Kindern und Frauen.

In einem Schreiben Turners vom 20.10.1941 heißt es:

„Erfassung aller männlicher Juden in Belgrad im Lager durchgeführt. Vorarbeiten für Juden-Ghetto in Belgrad beendet. Nach bereits durch Befehlshaber Serbien befohlenen Liquidierung der restlichen männlichen Juden wird das Ghetto etwa 10.000 Judenweiber und -kinder umfassen." [46]

Die wenigen überlebenden Männer sowie ca. 7.000 jüdische Frauen und Kinder sowie 292 Roma-Frauen und -Kinder wurden in das KZ Sajmište eingeliefert. Ab März 1942 begann die Vergasung in LKWs. [47]

Es darf auch nicht verschwiegen werden, daß die Wehrmacht zumindest indirekt für viele medizinische Versuche, die in KZs stattfanden, als Auftraggeber fungierte. Hierzu gehören auch die grauenvollen Unterkühlungs- und Hochdruckexperimente des Dr. Rascher. [48] (Vgl. auch S. 112.)

Kriegsgegner UdSSR und Westliche Alliierte

Auch das Verhalten der Kriegsgegner Hitler-Deutschlands wird von rechtsradikalen Jugendlichen und deren ideologischen Ziehvätern in vielerlei Weise für ihre Zwecke zurechtgebogen und instrumentalisiert. In der Regel lassen sich zwei Stoßrichtungen ausmachen.

Zum einen wird auf die von Hitlergegnern begangenen Menschenrechtsverletzungen hingewiesen, um die nationalsozialistischen Verbrechen zu relativieren und als Verteidigungsakte darzustellen.

Zum anderen wird versucht, die deutsche Politik und Kriegsführung als reine Reaktion auf eine aggressive, internationale Politik und/oder konkrete Angriffsdrohungen darzustellen.

Grundsätzlich sollte man in Diskussionen, bevor man auf einzelne Details eingeht, darauf hinweisen, daß in keinem Archiv

Die Bevölkerung eines besetzten russischen Dorfes wird unter Bewachung von Wehrmachtsangehörigen zur Zwangsarbeit nach Deutschland abtransportiert.

der Welt, auch nicht denen der heutigen GUS-Staaten, ein Angriffsbefehl gegen Deutschland nachgewiesen ist, dem nicht deutsche Kampfhandlungen vorausgingen. Sowohl die sogenannte „Appeasement-Politik" Englands, als auch der geringe Rüstungsstand der westlichen Länder lassen sich kaum mit dem Propagandabild von angriffslustigen Nationen zur Deckung bringen. Der Verweis auf die Menschenrechtsverletzungen anderer ist ein Versuch der Rechtfertigung eines Verbrechens durch ein anderes nach dem infantilen Motto: „Aber der andere hat doch auch ...!" Wichtig ist hier, auf das Verhältnis von Ursache und Wirkung zu verweisen.

Tatsache ist zudem, daß sich allein im Verhalten der Siegermächte nach der deutschen Kapitulation der fundamentale Unterschied zu Hitler-Deutschland offenbart: Hitler hatte gegenüber den eroberten und besiegten Länder eine Politik der „totalen" Ausbeutung und „rücksichtslosen Germanisierung" betrieben. Die Versorgung der Zivilbevölkerung haben deutsche Planungsstäbe grundsätzlich nicht als ihr Aufgabengebiet angesehen.
Die Siegermächte des Zweiten Weltkrieges unternahmen hingegen, trotz erheblicher Not im eigenen Land, gewaltige Anstrengungen, um die deutsche Bevölkerung zu versorgen.

Ernährung der deutschen Bevölkerung durch Care-Pakete.

Lüge Nr. 18   zum Thema: UdSSR

» Massenmorde wie z.B. an polnischen Offizieren in Katyn wurden den Deutschen in die Schuhe geschoben, obwohl sie von russischen Einsatz-Kommandos verübt wurden. «

Dieses Argument ist eine direkte Übernahme der Nazi-Propaganda.

Nachdem im April 1943 deutsche Soldaten Massengräber von 4.100 polnischen Offizieren gefunden hatten, konnte nachgewiesen werden, daß dieser Massenmord schon 1940 (also unter den Sowjets) stattgefunden hatte. Das war natürlich das gefundene Fressen für die deutsche Propaganda, um von ihren eigenen Verbrechen abzulenken, zumal die sowjetische Seite wider besseren Wissens jahrzehntelang leugnete.

Nach Öffnung der ehemals sowjetischen Archive läßt sich mit Bestimmtheit sagen, daß der Massenmord im Wald von Katyn tatsächlich von einem russischen Kommando begangen worden ist. Die sowjetische Regierung hat es im April 1990 auch offiziell zugegeben, daß Stalin für dieses Verbrechen verantwortlich ist.

Aber was beweist das? Hebt ein Verbrechen das andere auf?

Tatsache ist, daß schon während des deutschen Polenfeldzuges im September 1939 die „Einsatzgruppen", die den Streitkräften der Wehrmacht unmittelbar folgten, mit Verfolgungen und Morden an der polnischen Zivilbevölkerung begannen. Dann folgte — alles gemäß eines Befehls von Heydrich vom 21.9.1939 — die Phase der Gettoisierung, der Zusammenfassung der Juden in „Todeskisten" (Goebbels Tagebücher), wo aufgrund von Zwangsarbeit, Seuchen und Hunger Zehntausende starben. 1941 waren beispielsweise die Zuweisungen auf Lebensmittelkarten wie folgt verteilt:

Deutsche 2.613 Kalorien, Polen 669, und Juden 184 Kalorien. Nach Beginn des Überfalls auf die Sowjetunion begann die 3. Phase der systematischen Vernichtung der Juden und polnischen „Oppositionellen". Am 7.12.1941 wurde das erste Lager, in dem zum Töten Gas eingesetzt wurde, in Chelmno (Kulmhof) in der Nähe von Lodz in Betrieb genommen. [49]

Lüge Nr. 19   zum Thema: UdSSR

» Die sowjetischen Gulags weisen keinerlei Unterschiede zu den deutschen KZs auf und belegen somit, daß die deutschen Verbrechen nicht einmalig waren. «

Bevor näher auf diese Behauptung eingegangen wird – deren Muster „Die anderen waren auch nicht besser" sehr häufig anzutreffen ist – soll noch einmal ausdrücklich betont werden, daß die Menschenrechtsverletzungen und Morde in den sowjetischen Lagern an dieser Stelle selbstverständlich nicht geleugnet werden. Vielleicht ist es durchaus möglich, Parallelen zu einigen deutschen KZs zu ziehen, die ursprünglich als Arbeitslager dienten. Aber in den Gulags wurde keine systematische Vernichtung als industrieller Prozeß betrieben. In keinem sowjetischen Lager hat es Gaskammern gegeben. Die menschenverachtende Lagerpolitik der UdSSR als ein Teil des Stalinistischen Terrors ist schärfstens zu verurteilen, aber sie kann weder mit dem Holocaust verglichen werden, noch ihn in irgendeiner Weise relativieren.

Der ehemalige Auschwitz-Häftling Primo Levi schreibt:

„Die unbezahlte Arbeit, und das heißt: Sklavenarbeit, war eins der drei Ziele des Systems der Konzentrationslager. Die anderen beiden waren die Beseitigung der politischen Gegner und die Vernichtung der sogenannten minderwertigen Rassen. Beiläufig sei hier erwähnt: Das sowjetische System der Konzentrationslager unterschied sich wesentlich vom nationalsozialistischen durch das Fehlen des dritten Ziels und das Vorherrschen des ersten." [50]

In deutschen KZs und in den „Einsatzgruppen" war ukrainische Hilfspolizei beschäftigt. Viele Jugendliche glauben deshalb aus Unkenntnis, Berichte über den Einsatz von Ukrainern handelten von Gulags und von Massenerschießungen, die von Stalin zu verantworten wären.

Lüge Nr. 20   zum Thema: UdSSR

»Niemand behandelte seine Kriegsgefangenen schlechter als die Sowjets. Deutsche Kriegsgefangenenlager waren dagegen um ein Vielfaches besser.«

Kriegsgefangenenlager in Charkow, Ukraine.

Diese Überzeugung ist nicht nur in rechtsradikalen Kreisen und deren Umfeld zu finden, sondern gehört beinahe schon zum Allgemeingut. Professionelle Revisionisten gießen hier durch geschickt eingesetzte Dokumente zusätzlich Öl ins Feuer. Es werden Aussagen von deutschen Kriegsgefangenen vorgelegt, die von der grauenvollen Zeit in sowjetischen Bergwerken berichten. Dem werden Berichte aus deutschen Gefangenenlagern gegenübergestellt, die von durchaus akzeptablen Bedingungen erzählen.
In der Regel handelt es sich hierbei um Dokumente, die nicht gefälscht sind.
Allerdings stammen die positiven Äußerungen über deutsche Kriegsgefangenenlager nahezu ausschließlich von Engländern, nicht von Soldaten der Roten Armee. Auch handelt es sich oft nur um einzelne Zitate aus Erinnerungen, die von einer Zeit vor 1940/41 berichten, einem Zeitraum also, in dem Hitler noch ein Zusammengehen mit England anstrebte.
Nach dieser Zeit, insbesondere nach dem Kriegseintritt der USA, verschlechterten sich auch

die Haftbedingungen der Soldaten der westlichen Allianz. Die Behandlung der sowjetischen Kriegsgefangenen kann allein durch den Begriff „Massenmord" korrekt beschrieben werden. In Zusammenarbeit mit der Wehrmacht durchkämmten Aussonderungskommandos die Gefangenenlager. Wer von ihnen als Bolschewist oder Jude bestimmt wurde, wurde erschossen. Das Wirken der Kommandos muß so brutal gewesen sein, daß selbst die Führung zu mehr Geschick aufrief: „Es versteht sich von selbst", so Heydrich in einem Rundschreiben vom 12. 8. 1941, „daß die Exekutionen nicht öffentlich sind. Zuschauer dürfen grundsätzlich nicht zugelassen werden." [51]

Für die Versorgung des Rests der Kriegsgefangenen wurden keinerlei Vorkehrungen getroffen. Sie wurden zu Zehntausenden einfach umzäunt und dem Tod durch Erfrieren oder Verhungern ausgeliefert. Wenn es organisatorisch paßte, wurden die Soldaten der Roten Armee auch einfach der Vernichtungsmaschinerie der KZs überantwortet. (Siehe „Lüge Nr. 16", S. 48.) Allein in Buchenwald, einem Lager, das keine Gaskammern besaß, wurden 8.483 Soldaten der Roten Armee in einer eigens dafür geschaffenen Vorrichtung per Genickschuß ermordet. [52] Die Lage der sowjetischen Kriegsgefangenen verbesserte sich erst 1943 graduell, als man aus Arbeitskräftemangel entschied, ihre Arbeitskraft in deutschen Fabriken auszubeuten. Die Erfahrungen vieler deutscher Soldaten in sowjetischer Kriegsgefangenschaft waren unbestritten grauenvoll. Es ist jedoch zu bedenken, daß Deutschland im Gegensatz zur UdSSR einen systematischen Mord an seinen Gefangenen betrieb. Die planmäßige Vernichtung der sowjetischen Gefangenen erfolgte bereits zu einer Zeit, in der die deutsche Bevölkerung selbst noch unter keinen existentiellen Versorgungsmängeln litt, so daß selbst diese fadenscheinige Entschuldigung jeder Berechtigung entbehrt. Von den etwa 3.350.000 Sowjet-Bürgern, die bis Ende 1941 in deutsche Gefangenschaft geraten waren, kam die Mehrheit noch in diesem Winter um. Die Sowjetunion hingegen hatte ihre Gefangenen unter ganz anderen Umständen zu versorgen. Große Teile des Landes, darunter auch wichtige Agrar- und Industrieregionen, waren besetzt oder zerstört, und die Versorgungslage der eigenen Bevölkerung war katastrophal. Es existieren Aussagen deutscher Soldaten darüber, daß die sowjetische Bevölkerung bei ihnen – also den Gefangenen – um Brot gebettelt habe. „Man sollte auch nicht vergessen, daß noch Jahre nach dem Krieg Millionen von Sowjet-Bürgern gezwungen waren, in Erdlöchern zu leben." [53]

Noch heute behauptet die Mehrheit der Kriegsteilnehmer, sowjetische Kriegsgefangenschaft sei das Schlimmste gewesen, was einem hätte zustoßen können. Das ist die alte Kriegsperspektive. Es mag für einen deutschen Soldaten zu den härtesten Schlägen gezählt haben, in sowjetische Kriegsgefangenschaft zu geraten. Aus neutraler Sicht war es jedoch das allerschlimmste Schicksal, als sowjetischer Soldat in deutsche Gefangenschaft zu geraten. (Siehe auch „Lüge 15, 16 und 17".)

Man geht heute allgemein davon aus, daß 3,3 Millionen (oder 57 % aller russischen Kriegsgefangenen) durch Seuchen, Hunger, Erschießung, Vernichtung durch Arbeit, Vergasung etc. getötet worden sind. Die Ungeheuerlichkeit dieses Verbrechens wird noch deutlicher, wenn man sich vor Augen führt, daß von den 232.000 englischen und amerikanischen Gefangenen 8.348 (oder 3,5%) starben. So viele Sowjets starben im Herbst 1944 an einem einzigen Tag. [54]

Lüge Nr. 21   zum Thema: UdSSR

» Der Fall „Barbarossa" stellt keinen Überfall auf die Sowjetunion dar, sondern war ein reiner Präventivkrieg. Hitler schützte das deutsche Volk auf diese Weise vor einem längst von Stalin geplanten Überfall.«

Diese Lüge hat sich am erfolgreichsten durchgesetzt und wird von sehr vielen
Menschen geglaubt.

Der Erfolg der Revisionisten mit dieser Lüge ist sicherlich auch auf das brutale Terror-Regime
Stalins zurückzuführen. Im Kern aber verbirgt sich dahinter jedoch die Unfähigkeit oder
Unwilligkeit, historische Wahrheiten zu akzeptieren, weil sie nicht in die eigenen politischen
Zielsetzungen passen. Obwohl sich Stalin und das von ihm geführte Regime kaum überschau-
barer Verbrechen schuldig gemacht haben, so sind sie von dem hier erhobenem Vorwurf
freizusprechen. Schon gar nicht eignet sich der reale Sachverhalt für eine Entlastung Adolf
Hitlers, der nach allen vorliegenden Quellen ganz unzweifelhaft der Aggressor war.

Revisionistische Wortführer zitieren oftmals aus Stalins Schrift über den „Systemkonflikt"
und behaupten, die Äußerungen des Diktators können so interpretiert werden, daß Stalin
den Angriff auf Deutschland für das Jahr 1941 plante.

Zu dieser Argumentation ist folgendes richtigzustellen: Die Theorie des Systemkonflikts
beschreibt nicht die historische Spannung zwischen Kommunismus und Nationalsozialismus,
sondern vielmehr auf einer abstrahierenden und allgemeinen Ebene die Gegensätze
zwischen expandierendem Sozialismus und kapitalistischem Weltmarkt bzw. Imperialismus
aus marxistisch-leninistischer Sicht.

Was die Äußerungen Stalins betrifft, die er am 5. Mai 1941 in Moskau vor Absolventen der
Militärakademie gemacht haben soll (von dieser Rede gibt es kein schriftliches Manuskript),
so ist darauf hinzuweisen, daß hier immer falsch übersetzt und zitiert wird.

Dem gut unterrichteten, für die britische Presse arbeitenden Alexander Werth zufolge lautete der Tenor nicht, „daß wir den Angriff bis 1942 verschieben können", sondern vielmehr, „daß wir den sicheren deutschen Angriff bis 1942 hinauszögern können." [55]

Richtig ist, daß Stalin sich der Realität stellen mußte, daß ein Krieg zwischen Hitler-Deutschland und der UdSSR immer wahrscheinlicher wurde. Dennoch sprach er sich schon aus taktischen Gründen dafür aus, den Krieg so lange wie möglich zu vermeiden.

Stalin demonstrierte seinen Wunsch nach einer Verbesserung der deutsch-sowjetischen Beziehungen am 13. April 1941 nach der Unterzeichnung des Neutralitätsabkommens mit Japan. In Anwesenheit des gesamten diplomatischen Korps sprach er sich während der Verabschiedung des japanischen Außenministers Yosuke Matsukoka gegenüber dem deutschen Botschafter Schulenburg und dem stellvertretenden deutschen Militärattaché Oberst Krebs ostentativ für die Freundschaft mit Deutschland aus. [56]

Zu diesem Zeitpunkt hatte Hitler seinen Überfall bereits beschlossen: Schon am 29.7.1940 wurde Generalmajor Marcks beauftragt, einen „Operationsentwurf Ost" für den Feldzug gegen die Sowjetunion auszuarbeiten. Dieser wurde bereits am 5.8.1940 abgeschlossen und vorgelegt und war der Grundstock für die Akte „Barbarossa", die militärische Planung des Überfalls auf die Sowjetunion.

Am 13. Juni 1941 erklärte die amtliche sowjetische Nachrichtenagentur TASS – um Gerüchten entgegenzuwirken – im Rundfunk, daß weder Deutschland einen Angriff gegen die UdSSR plane, noch die Sowjetunion einen Krieg mit Deutschland wünsche.

Daß Stalin die zahlreichen Warnungen ausländischer und eigener Geheimdienste als Gerüchte abtat, belegt schon die Tatsache, daß die Sowjetunion ihren Rohstofflieferungen an Deutschland bis zuletzt peinlich genau nachkam. Der letzte Transport aus der UdSSR erreichte Deutschland, als die Wehrmacht bereits die Grenze überschritten hatte!

Es ist richtig, daß die Sowjet-Führung im Westen große Truppenkontingente zusammengezogen hatte. Ihnen standen aber doppelt so viele und besser ausgerüstete deutsche Soldaten gegenüber. Daraus aber auf einen sowjetischen Angriffswillen schließen zu wollen, beurteilten selbst damalige deutsche Heeresgruppenchefs als „Unsinn", zumal Stalin sich bis zuletzt weigerte, eine allgemeine Mobilmachung zu befehlen.

Die Konzentration von Truppenstärken an der westlichen Grenze wird daher auch von führenden Militärhistorikern als defensive Vorsichtsmaßnahme bewertet.

Anders wäre es auch kaum zu erklären, wie eine zum Angriff gerüstete Armee von den Deutschen derart überrascht werden konnte. Bis Oktober 1941 fielen 3 Millionen Rotarmisten in deutsche Hände.

Bis zuletzt wollte die sowjetische Führung unter Stalin nicht an den Krieg glauben. Nachdem die deutschen Armeen am 22. Juni 1941 bereits an vielen Stellen die Grenzen der Sowjetunion überschritten hatten und russische Städte von deutschen Flugzeugen bombardiert wurden, räsonierte Stalin immer noch, „es wäre doch sicherlich eine formale Kriegserklärung vorangegangen, wenn hier Krieg gemeint war. Internationale Verhandlungen hätten vorausgehen müssen, zumindest eine Konferenz der Außenminister. Schließlich sei Hitler doch nicht irgendein Straßenräuber." [57]

Lüge Nr. 22   zum Thema: Westliche Alliierte

»Die Engländer sind die Erfinder der KZs.«

In Zusammenhang mit dieser Lüge taucht immer wieder jenes echte Dokument auf, das die Einrichtung von „concentration-camps" durch die englische Kolonialverwaltung zur Internierung aufständischer Buren in Südafrika belegt.
Daß eine derartige Manipulation überhaupt auf fruchtbaren Boden fallen kann, hat mit dem bereits erwähnten, erschreckend undifferenzierten Wissen der Jugend zum Thema KZs zu tun.
Die englischen Camps, deren menschenverachtende Funktion unbestritten ist, können nicht mit den nationalsozialistischen KZs verglichen werden. Es handelte sich um Lager, in denen die Menschen zusammengezogen — konzentriert — wurden, um sie unter Kontrolle zu haben.
Dies gilt ebenfalls für die amerikanischen Internierungslager, in denen amerikanischen Bürgern japanischer Herkunft während des zweiten Weltkrieges die Freiheit genommen wurde.
Die Nazis haben deshalb den Begriff „Konzentrationslager" nicht ohne Bedacht gewählt:
Sie wollten die Deutschen, die Menschen, die gewaltsam dorthin verfrachtet wurden, und die Weltöffentlichkeit über die wahre Natur der KZs täuschen und sie als reine Umsiedlungslager erscheinen lassen.
Es lassen sich in der Geschichte vieler Nationen gewaltsame Internierungen von potentiellen oder realen Gegnern nachweisen, die oftmals zu grausamen Verbrechen führten.
Dennoch ist keines dieser Lager mit den Vernichtungsstätten der Hitlerdiktatur zu vergleichen.
Keine Regierung vor Hitler hat sich je die physische Vernichtung von Millionen von Menschen zum Ziel gesetzt.

Internierungscamp für japanische Amerikaner in der Nähe von Long Island. Man beachte: kein elektrisch geladener Zaun, kein MG-Posten auf dem Wachturm, ca. 140.000 m² für 700 Personen.

| Lüge Nr. 23 | zum Thema: Westliche Alliierte |

»Die westlichen Alliierten, allen voran Churchill, wollten mit Hitler zusammenarbeiten, um die Landgewinne der Roten Armee und damit die Ausbreitung des Kommunismus einzudämmen.«

Diese Lüge wird meist im Zusammenhang mit „Lüge Nr. 24" (s. S. 69) benutzt, um den Nationalsozialismus als Bollwerk gegen den Kommunismus aufzuwerten und den Alliierten eine billigende Haltung zur deutschen Kriegspolitik zu unterstellen. Richtig ist nur, daß Churchill ein entschiedener Gegner des Kommunismus war, der früh damit begann, die Sicherung westlich-liberaler Interessen in einem zukünftigem Nachkriegseuropa einzuplanen. Diese Einstellung bedeutet jedoch keinesfalls, daß Churchill nicht wie alle Alliierten in Hitler seinen Hauptfeind sah. Die Westmächte unterstützten die UdSSR massiv mit Militärgerät und überließen der Roten Armee, die die Hauptlast des Krieges getragen hatte, die Eroberung Berlins. Churchill selbst hat unmißverständlich deutlich gemacht, daß Hitler, nicht Stalin, der Feind war, den er mit allen Kräften bekämpfen wollte. Als die Nachricht vom deutschen Überfall auf die Sowjetunion London erreichte, berief Churchill das Unterhaus ein und hielt dort eine leidenschaftliche Rede, in der er eine Allianz aller Hitlergegner beschwor. Als ihn sein privater Sekretär J. R. Colville auf die Ironie aufmerksam machte, die darin lag, daß England ausgerechnet mit dem kommunistischen Rußland, jener Macht die man lange ideologisch und strategisch bekämpft hatte, eine Waffenbruderschaft anstrebte, antwortete der Premierminister trocken, daß er selbst mit dem Teufel einen Pakt eingehen würde, sofern dieser sich im Kriege mit Hitler befinden würde. Churchill: „If Hitler invaded Hell I would make at least a favourable reference to the Devil in the House of Commons." [58] Die westlichen Aliierten hielten sich beispielsweise auch sklavisch an ein Prinzip der Allianz: keine Verhandlungen mit Hitler, um die Sowjetunion nicht zu irritieren.

Lüge Nr. 24   zum Thema: Westliche Alliierte

» Die Gegner Hitlers waren ebenso große Antisemiten wie Hitler selbst. Dies beweist u.a. das antisemitische Vorgehen insbesondere der baltischen Bevölkerung. «

Damals wie heute hat es in allen Ländern Europas und in den USA antisemitische
Bewegungen gegeben. Dennoch muß klar zwischen der Diskriminierung durch Teile
der Bevölkerung und staatlich gelenktem Terror unterschieden werden.
Es ist ein fundamentaler Unterschied, ob die Diskriminierung von einer radikalen Minderheit
innerhalb eines Rechtsstaates betrieben wird oder ob die Verfolgung zum Programm des
Staates selbst gehört. Die Verfassungen der Staaten, die in Gegnerschaft zu Hitler-Deutschland
standen, boten ihren jüdischen Bürgern volle Rechte und den dazugehörigen Schutz.
Eine durch Gesetz „abgesicherte" Diskriminierung, wie es die Nürnberger Rassengesetze
darstellen, existierten nicht. (Siehe auch „Lüge Nr. 13, 14 und 54".)
Es hat Verbrechen von Teilen der baltischen (z.B. in Riga, Libau) und ukrainischen
(z.B. in Lemberg, Luzk, Ostrog, Ternopol) Bevölkerung an ihren jüdischen Mitbürgern gegeben.
Aber selbst wenn man sich in die unsinnige Diskussion einer gegenseitigen Aufrechnung
begeben würde, können gerade diese Pogrome die deutsche Seite nicht entlasten.
Diese mörderischen Pogrome geschahen meist erst nach der deutschen Besetzung,
die deutschen Besatzer waren aktiv oder organisatorisch beteiligt. Es war fester Bestandteil
der deutschen Politik, die unterworfenen Völker zu antisemitischen Ausschreitungen zu
animieren.In einem Fernschreiben an die Einsatzgruppenchefs legte Heydrich die
Grundsätze des späteren Einsatzbefehls (vom 2.7.1941) dar:

„Unter Bezug auf meine bereits am 17. VI. [also schon 5 Tage vor
dem Angriff auf die Sowjetunion] in Berlin gemachten mündlichen
Ausführungen bringe ich in Erinnerung:

1) den Selbstreinigungsbestrebungen antikommunistischer oder
antijüdischer Kreise in den neu zu besetzenden Gebieten ist

kein Hindernis zu bereiten. Sie sind im Gegenteil, allerdings spurenlos, auszulösen, zu intensivieren wenn erforderlich und in die richtigen Bahnen zu lenken, ohne daß sich diese örtlichen ‚Selbstschutzkreise' später auf Anordnungen oder auf gegebene politische Zusicherungen berufen können.

Da ein solches Vorgehen nur innerhalb der ersten Zeit der militärischen Besetzung aus naheliegenden Gründen möglich ist, haben die Einsatzgruppen und -kommandos der SP und des SD im Benehmen mit den militärischen Dienststellen möglichst bestrebt zu sein, raschestens in die neu besetzten Gebiete wenigstens mit einem Vorkommando einzurücken, damit sie das Erforderliche veranlassen können.

Zu Leitern solcher Vorkommandos sind nur solche Angehörige der SP und des SD auszusuchen, die über das erforderliche politische Fingerspitzengefühl verfügen.

Die Bildung ständiger Selbstschutzverbände mit zentraler Führung ist zunächst zu vermeiden; an ihrer Stelle sind zweckmäßig örtliche Volkspogrome wie oben dargelegt auszulösen. [...]" [59]

Es gab in allen Ländern, in denen die Deutschen einmarschierten, faschistische und antisemitische Gruppen, die mit Rückendeckung der Deutschen losschlagen konnten. Beispielsweise gab es ukrainische, litauische und lettische Einsatzgruppen, Hilfspolizei

Unter der Aufsicht deutscher Soldaten prügeln freigelassene litauische Kriminelle in Kowno (Litauen) im Juni 1941 Juden mit Eisenstangen zu Tode.

und SS-Einheiten, die ungeheuerlich brutal vorgingen. Ob dies allerdings die Mehrheit der Bevölkerung war, darf bezweifelt werden. Es gab auch in allen Ländern nennenswerten organisierten Widerstand. Ein Bericht der Sicherheitspolizei-Außenstelle Libau an den SSPF (SS- und Polizeiführer) Libau über die Ermordung der Libauer Juden vom 31.12.1941 malt ein weniger antisemitisches Bild der baltischen Bevölkerung:

„Vom 14. bis 16.12.41 wurden in Libau 2.754 Personen exekutiert, u. zw. 23 Kommunisten und 2731 Juden [...] Diese Exekution der Libauer Juden bildet immer noch das Gesprächsthema der hiesigen Bevölkerung. Vielfach wird das Los der Juden bedauert, und es sind zunächst wenig positive Stimmen zur Beseitigung der Juden zu hören. U.a. ist das Gerücht im Umlauf, daß die Exekution gefilmt worden sei, um dadurch Material gegen die lettischen Schutzmannschaften in den Händen zu haben [...]" (60)

Darüber hinaus seien an dieser Stelle zwei Beispiele genannt, die belegen, daß die Bevölkerungen besetzter Länder versuchten, ihren jüdischen Mitbürgern zu Hilfe zu kommen. Aufzeichnung des Auswärtigen Amtes (AA) vom 26. 2.1941: Niederländischer Solidaritätsstreik für die jüdischen Bürger, 26.2.1941:

„Gesandtschaftsrat Mohr rief heute in Abwesenheit des Gesandten Bene aus dem Haag [d.i. Den Haag] an und teilte im Anschluß an dessen gestrige Mitteilung über die Lage in den Niederlanden folgendes mit:
Der Anlaß zur Abschiebung der 400 Juden aus Amsterdam nach Deutschland sei nicht nur die Niederschlagung eines niederländischen WA-Mannes [Weer Afdeling = paramilitärische Einheit der holländischen Nationalsozialisten], sondern auch die Tatsache, daß eine deutsche Patrouille im Amsterdamer Judenviertel mit Giftstoffen besprizt worden sei. Der in Amsterdam ausgebrochene Streik stehe mit der Abschiebung dieser Juden im unmittelbaren Zusammenhang. Er sei ein offenbar von kommunistischer Seite entfachter Sympathiestreik. In Amsterdam sei es nicht zu einem völligen Generalstreik gekommen. Die Gas- und Elektrizitätswerke seien besetzt worden und funktionierten. Dagegen seien die Straßenbahnen stillgelegt, wobei das Publikum zu Gunsten des Streiks eingegriffen habe. Der Streik umfasse auch zahlreiche andere Betriebe, wie Straßenreinigung, Warenhäuser usw. Der Generalkommissar für das Sicherheitswesen habe einen Aufruf an die Bevölkerung erlassen, durch den diese über den Anlaß der Abschiebung der Juden aufgeklärt werde. Im übrigen seien strenge Sicherheitsmaßnahmen wie Ausgehverbot usw. getroffen worden.
Über die Vorgänge wird in der niederländischen Presse und im Rundfunk nichts gebracht." (61)

Trotz „Aufklärung" und „Sicherheitsmaßnahmen" ließ sich die holländische Bevölkerung nicht täuschen. Der Streik griff auch auf andere Städte über, und die Deutschen brauchten drei Tage, um ihn niederzuschlagen. Im übrigen überlebte nur ein einziger der 389 Deportierten.

Telegramm des Gesandten in Helsinki, von Blücher, an das AA (29.1.1943):

„Weisung ausgeführt. Politischer Direktor Außenministeriums nahm Mitteilung ohne Bemerkung entgegen und wird notwendige Feststellungen durch Gesandtschaft Berlin bzw. finnische Konsulate treffen lassen. Schweigen amtlicher Kreise und Fehlen Presseäußerungen darf nicht darüber hinwegtäuschen, daß aber deutsche Judenpolitik finnisches Volk uns innerlich entfremdet. Wie empfindlich finnisches Volk auf diesem Gebiet, zeigte sich Oktober vorigen Jahres, als Gerüchte über Ausweisung weniger Juden so starke Reaktion hervorriefen, daß Stellung deutschfreundlichen Innenministers Horelli seitdem erschüttert. In schwieriger Periode, die deutschfinnisches Verhältnis gegenwärtig durchmacht, können zusätzliche Stimmungsbelastungen gefährliche Wirkung haben." [62]

Finnische Politiker haben sich vehement und erfolgreich gegen die Judenvernichtung gewehrt. Bis auf ganz wenige Ausnahmen haben die 2.000 finnischen Juden sowie 300 jüdische Flüchtlinge überlebt.

Lüge Nr. 25   zum Thema: Westliche Alliierte

»Die westlichen Alliierten wußten um den Holocaust. Sie unternahmen nichts. Sie bejahten das deutsche Vorgehen.«

Zunächst eine Bemerkung dazu, wie dieses „Argument" verwendet wird:
Da Wissen nur dann schuldig macht, wenn es zu keinerlei Handlungen führt, wird
darauf rekurriert, daß die Alliierten nichts gegen den nationalsozialistischen Völkermord
unternahmen. Impliziert wird auf diese Weise der Vorwurf der unterlassenen Hilfeleistung
bzw. der aktiven Bejahung. So soll die Schuld von Nazi-Deutschland genommen oder
zumindest aufgeteilt werden.

Was das Wissen der Alliierten betrifft, so sollte zunächst auf die Schwierigkeit und
Unzuverlässigkeit der Informationslage verwiesen werden. In einem zweiten Schritt muß
zwischen den Informationen der westlichen Regierungen und dem Kenntnisstand der breiten
Bevölkerung differenziert werden. Was das Wissen in Regierungskreisen angeht, so kann
wohl davon ausgegangen werden, daß Kenntnisse über den Holocaust bestanden.

Dennoch muß gerade in der heutigen Zeit der sprunghaften Entwicklung der Medientechnik,
die für viele Jugendliche selbstverständlicher Alltag ist, nachdrücklich die geringere technische
Informationsmöglichkeit der damaligen Zeit erklärt werden. Zum einen war es noch nicht
möglich, per Satellitenaufnahmen Angaben zu überprüfen. Zum anderen hat umfangreiches
Bild- und Filmmaterial die Alliierten erst im letzten Kiegsjahr erreicht.

Das Wissen der westlichen Bevölkerungen um den Mord an den europäische Juden kann
als äußerst gering eingeschätzt werden. Exemplarisch sei hier auf das Verhalten der BBC
verwiesen, die sich noch im April 1945 weigerte, den Bericht eines ihrer Mitarbeiter zu senden,
der an der Befreiung des KZ Dachau teilgenommen hatte, weil sie ihn als reine Greuel-
propaganda zurückwies. Erst nach mehreren Anläufen erhielt der Korrespondent die Sende-
erlaubnis. Weil er aber selbst fürchtete, sein Bericht könne als übertrieben zurückgewiesen
werden, bat er seine Hörer: „Ich beschwöre sie zu glauben, was ich gesagt habe." [63]

73

*Gesamtansicht von Auschwitz und Birkenau,
aufgenommen von der US-Luftwaffe am 23. Juni 1944.*

Weder die Juden in Westeuropa noch die Alliierten haben vorausgesehen, was die Nazis mit den Juden vorhatten. Das heißt, die rettende Auswanderung wurde von den Juden selbst oft solange hinausgezögert, bis es zu spät war, verständlicherweise, denn sie hatten eine Heimat zu verlieren. Die rettende Auswanderung wurde aber auch durch engstirnige strikte Einwanderungsregeln der Haupteinreiseländer USA und England zum Teil sehr eingeschränkt, trotz einiger Initiativen wurde wegen „Aufnahmekapazitäten" und „politischen Erwägungen" daran nichts geändert. So konnten aus „Großdeutschland" insgesamt nur knapp 500.000 Juden emigrieren. Ab 1941 war es nicht mehr möglich, der angelaufenen deutschen Vernichtungsmaschinerie zu entkommen.

Das englische Militär hatte den Funkcode der Deutschen bald nach dem Überfall auf die Sowjetunion entschlüsselt und war über das Morden der Einsatzkommandos relativ genau informiert.

Ab Sommer 1942 begannen auch Nachrichten über den Massenmord in den KZ's zu den Westmächten durchzudringen und sich nach und nach zu häufen. Aber es gab keine systematische Auswertung, die Nachrichten wurden falsch bewertet oder gar aus politischen Erwägungen unterdrückt.

Allerdings brauchten die Nachrichten manchmal auch sehr lange, bis sie z.B. in den USA ankamen, und oft waren sie auch mit Gerüchten versetzt. Deswegen schienen auch die Führer jüdischer Organisationen in den USA noch Ende 1942 den Ernst der Lage nicht realisieren zu können. Sie forderten von Roosevelt, nur die Nazis zu verwarnen und eine Kommission einzurichten. Lange Zeit blieb es bei hilflosen Erklärungen und halbherzigen diplomatischen Initiativen. Erst Anfang 1944 wurde mit dem War Refugee Board in den USA eine zentrale Stelle für den Holocaust geschaffen. Nun hatte die amerikanische Regierung plötzlich reichlich Informationen.

Ab April 1944 war Auschwitz von Italien aus für Luftstreitkräfte der Westalliierten erreichbar geworden. Nachdem die IG-Farben-Betriebe (Auschwitz III) per Luftaufnahmen erkundet waren, gab es dort 1944 Luftangriffe auf das Industriegebiet Auschwitz und auf Ölanlagen in der Nähe. Wichtige Gleisanlagen für das KZ Auschwitz wurden dabei überflogen. Trotzdem wurde von den Militärs wegen übergroßer technischer Schwierigkeiten eine Bombardierung des Lagers Auschwitz bzw. der Gleisanlagen „unter den gegenwärtigen Umständen" abgelehnt. Außerdem würde eine beträchtliche Abzweigung der Luftunterstützung möglicherweise den Erfolg der jetzt in entscheidenden Einsätzen operierenden alliierten Streitkräfte gefährden. Damit befanden sich die Militärs in England und in den USA im Gegensatz zu der politischen Führung. Sowohl Churchill als auch Roosevelt hatten Hilfe grundsätzlich befürwortet. Das Militär hatte die Durchführbarkeit dieser Einsätze nie ernsthaft geprüft, man hatte einfach Angst, daß militärische Kräfte für Rettungsaktionen abgezogen würden. Es blieb den Bodentruppen während der regulären Kampfaktionen überlassen, die KZs zu befreien, soweit die Nazis sie nicht schon aufgegeben hatten. [64]

Bevor man aber den Vorwurf der unterlassenen Hilfeleistung erhebt, sollte man wirklich bedenken: Kann denn tatsächlich ausgeblendet werden, daß sich die Alliierten immerhin in einem Weltkrieg mit bislang nicht gekannten Ausmaßen befanden? Ein Sieg gegen Hitler bedeutete doch auch ein Ende des Holocaust. „Zuerst siegen" hieß die Doktrin der Alliierten. Natürlich wird auch von nichtrevisionistischen Kreisen kritisiert, daß man hätte mehr tun können. In jedem Fall sollte jedoch bedacht werden, daß alle beteiligten Nationen bis zum äußersten durch den Krieg belastet waren. Die oft pathetisch vorgebrachte Anklage, die Alliierten hätten nicht einmal Luftangriffe gegen die KZs oder die Bahnverbindungen dorthin unternommen, wird nur teilweise zu Recht erhoben: Es hat derartige Luftangriffe auch von sowjetischer Seite gegeben. Aufzeichnungen ehemaliger KZ-Häftlinge berichten von diesen Angriffen. [65]

Die folgende Quelle wird oftmals in leicht verfälschter Form durch revisionistische Autoren benutzt. Aus diesem Grund hier der echte, vollständige Wortlaut. Notiz aus dem Kriegs-ministerium mit Schreiben McCloy an Pehle (War Refugee Board) vom 3./4.7.1944:

```
„a) Memorandum für Mr. McCloy:
Ich weiß, daß Sie mir gesagt haben, diese Angelegenheit
abzuwürgen (kill), aber seit dieser Anordnung haben wir den
beiliegenden Brief von Mr. Pehle erhalten. [Dort wird die
Bombardierung der Eisenbahnknotenpunkte bei Kashau und Pressov
- d.h. Auschwitz - verlangt.]
Ich schlage vor, die beiliegende Antwort zu senden.
```

b) Ich komme auf Ihren Brief vom 29. Juni zurück, der ein Telegramm Ihres Vertreters in Bern, Schweiz, enthält, in dem vorgeschlagen wird, bestimmte Abschnitte der Eisenbahnlinien zwischen Ungarn und Polen zu bombardieren, um den Transport der Juden aus Ungarn zu unterbrechen.

Das Kriegsministerium ist der Meinung, daß die vorgeschlagene Luftoperation nicht durchführbar ist. Sie könnte nur durchgeführt werden, wenn bedeutendere Luftunterstützung abgezweigt würde, die unabdingbar für den Erfolg unserer Streitkräfte in ihren jetzigen entscheidenden Operationen ist, und das wäre auf jeden Fall von so zweifelhaftem Wert, daß es nicht als durchführbares Projekt in Frage kommt.

Das Kriegsministerium schätzt die humanitären Motive, die die vorgeschlagene Operation veranlaßt haben, aber aus obengenannten Gründen erscheint die vorgeschlagene Aktion nicht gerechtfertigt." [66]

Man kann Fehleinschätzungen, Ignoranz, diplomatisches Bürokraten-Denken oder politische Unbeweglichkeit der Alliierten kritisieren, aber ihnen eine zustimmende Haltung gegenüber der nationalsozialistischen Vernichtungspolitik vorzuwerfen entbehrt jeder Grundlage. Der folgende Brief Churchills an Roosevelt dürfte die Lage und Einstellung der Hitlergegner charakterisieren.

Brief Churchills an Roosevelt (30.6.1943):

„Der Bedarf an Hilfe für die Flüchtlinge – besonders jüdische Flüchtlinge – ist nicht weniger gewachsen, seit wir diese Frage besprochen haben, und alle möglichen Fluchtwege müssen offengehalten werden. Nordafrika ist von diesen noch der praktikabelste, und ich hoffe, daß die Schwierigkeiten mit dem dort geplanten Flüchtlingslager jetzt beseitigt sind und daß eine baldige praktische Entscheidung jetzt möglich ist. Unsere Möglichkeiten, den Opfern von Hitlers antijüdischem Feldzug sofort zu helfen, sind momentan so eingeschränkt, daß die Eröffnung eines kleinen Lagers zu dem Zwecke, einige von ihnen in Sicherheit zu bringen, uns schon drückend erscheint, und ich wäre dankbar, wenn Sie mich wissen lassen könnten, ob man es für möglich hält, diesen Plan in Gang zu setzen. General Giraud [damals mit General de Gaulle Chef des französischen bewaffneten Widerstandes] hat dem Projekt seine grundsätzliche Zustimmung gegeben." [67]

Euthanasie

Das Wort „Euthanasie" ist griechischen Ursprungs und bedeutet „schöner Tod", womit ein schneller, leichter und schmerzloser Tod gemeint war. Daß sich die Nazis in der Propaganda dieses Begriffes bedienten, zeigt doch, daß sie sich hier ihrer Sache nicht sicher waren.
Hier waren auf einmal nicht „andere Völker" betroffen, sondern hier wurden „deutsche" Kinder und Erwachsene in der Logik der Rassenhygiene für „lebensunwert" erklärt.
Die Reaktion auf diese Morde in Deutschland, die Proteste unter anderem auch von Kirchenseite, die 1941 zur offiziellen Einstellung der Tötungen führten, zeigen aber auch, daß das Nazisystem so fest und unbeeindruckbar nicht stand, wie immer behauptet wird.
Allerdings gingen die Morde in den „eroberten Gebieten" und in den KZs auch nach 1941 weiter.
Auch in den Krankenanstalten in Deutschland selber ging der Mord in versteckterer Form (vergiften, verhungern lassen) weiter.
Die Euthanasie ist natürlich für Revisionisten und Neonazis ein äußerst peinliches Thema, weil hier nur zu deutlich wird, daß sich die Zerstörungswut faschistischer Systeme prinzipiell gegen jeden richten kann.
Da die Quellenlage aber beim Euthanasieprogramm sehr gut ist, sind die Revisionisten bei diesem Thema zu ziemlich groben Rundumschlägen gezwungen.

Lüge Nr. 26

» Die massenhafte Ermordung behinderter Menschen ist ein reines Greuelmärchen. «

Ein Kommentar ist an dieser Stelle, aufgrund der eindeutigen Quellenlage, überflüssig. Bereits am 14. Juli 1933 trat das „Gesetz zur Verhütung erbkranken Nachwuchses" in Kraft, in dem es u.a. heißt:

„Die Reichsregierung hat das folgende Gesetz beschlossen, das hiermit verkündet wird:

§ 1

(1) Wer erbkrank ist, kann durch chirurgischen Eingriff unfruchtbar gemacht (sterilisiert) werden, wenn nach den Erfahrungen der ärztlichen Wissenschaft mit großer Wahrscheinlichkeit zu erwarten ist, daß seine Nachkommen an schweren körperlichen oder geistigen Erbschäden leiden werden.

(2) Erbkrank im Sinne dieses Gesetzes ist, wer an einer der folgenden Krankheiten leidet:

1. angeborener Schwachsinn,
2. Schizophrenie,
3. zirkulärem (manische-depressivem) Irresein,
4. erblicher Fallsucht,
5. erblichem Veitstanz (Huntingtonsche Chorea),
6. erblicher Blindheit,
7. erblicher Taubheit,
8. schwerer erblicher körperlicher Mißbildung.

(3) Ferner kann unfruchtbar gemacht werden, wer an schwerem Alkoholismus leidet." [68]

In dieser Aufzählung finden sich bereits die Kriterien für das spätere Tötungsprogramm.

Das Vorgehen gegen Minderheiten radikalisierte sich parallel zur außenpolitischen Aggression des NS-Staates. Der Historiker Jost Dülffer spricht von einem „Krieg nach innen", der sich mit der allgemeinen Radikalisierung des Krieges steigerte. [69]

So ist es denn auch nicht verwunderlich, daß Hitler seinen auf Privatpapier
geschriebenen Euthanasiebefehl auf den Kriegsanfang am 1.9.1939 zurückdatierte.
(Siehe „Lüge Nr. 27", S. 81.)
Schon vorher mußten mißgebildete Kinder gemeldet werden.

Eine führende Rolle bei der Vorbereitung des Euthanasieprogramms nahmen Hitlers
Leibarzt Dr. med. Karl Brandt sowie Philipp Bouhler, der Chef der Kanzlei des Führers, ein.
Man beschloß, auf Hitlers Befehl unter strenger Geheimhaltung die Tötungen mit Kohlen-
monoxid (CO) durchzuführen. Um jede Verbindung mit der Reichskanzlei zu verdunkeln,

Schornstein und Krematorium der Vergasungsanstalt Bernburg/Saale.

wurden verschiedene Scheinorganisationen gegründet. Die Zentrale der Mordfirma erhielt den Titel „Reichsarbeitsgemeinschaft Heil- und Pflegeanstalten" und bezog Räume in der Tiergartenstraße Nr. 4 in Berlin, was der ganzen Aktion den Namen „T4" gab.
Die „Gemeinnützige Kranken-Transport GmbH" übernahm mittels Reichspostbussen (s. S. 81) und Reichsbahn die Transporte in den Tod. Den Schwerpunkt der Finanzierung (z.B. des Mordpersonals) übernahm die „Gemeinnützige Stiftung für Anstaltspflege".
Auf Kindermord spezialisierte sich der „Reichsausschuß zur wissenschaftlichen Erfassung von erb- und anlagebedingten schweren Leiden".
Die „Zentralverrechnungsstelle Heil- und Pflegeanstalten" scheute selbst davor nicht zurück, die Angehörigen der Opfer für die Kosten des Mordes aufkommen zu lassen. Es wurden auch Pflegesätze für längst getötete Patienten in Rechnung gestellt.

Die Vernichtung lief schnell und gut organisiert. Als Ermordungsanstalten dienten Grafeneck bei Reutlingen, Brandenburg an der Havel, Hadamar, Bernburg an der Saale, Sonnenstein in Sachsen und Hartheim bei Linz an der Donau. Die bis zum 1. September 1941 penibel geführte T4-Statistik spricht von exakt 70.273 „desinfizierten" Personen. [70]
Wer – oftmals ohne persönliche Untersuchung – von „Ärztekommissionen" zum Tode „verurteilt" worden war, wurde hierher verfrachtet. Die Opfer wurden gezwungen, sich zu entkleiden, sie wurden nackt fotografiert und von einem Arzt bezüglich einer glaubwürdigen Todesursache betrachtet. Danach wurden die verängstigten und z.T. Widerstand leistenden Menschen in die „Desinfektionskammer" (Täterjargon) getrieben. An der Art ihrer Tätigkeit haben die Mörder selbst nie einen Zweifel gelassen.
Dr. Georg Renno, Angestellter der Vernichtungsanstalt Hartheim in Österreich:

> „Den Hahn aufzudrehen war ja auch keine große Sache." [71]

Das Zahngold der Toten wurde herausgebrochen und anschließend bei der Firma Degussa eingeschmolzen. Mehr als die Hälfte der deutschen medizinischen Institute benutze die Leichen der Opfer für ihre „medizinische Forschung". Besonders die deutsche Hirnforschung profitierte davon.
Als das Tötungsgeschäft aufgrund kirchlicher Proteste und Unruhen in der Bevölkerung zum Erliegen kommt (z.T. wird es unter noch strengerer Geheimhaltung fortgesetzt, was weiteren 20–30.000 Menschen das Leben kostet), finden mehr als 100 Angestellte der „T4"-Aktion ein neues „Betätigungsfeld" in den Vernichtungslagern Belzec, Sobibor, Auschwitz und Treblinka. Ihr „Expertenwissen" wird nun genutzt, um die Ermordung der europäischen Juden zu organisieren.

Lüge Nr. 27

»Ja, es hat die Tötung von Behinderten gegeben, aber diese hatte einen rein humanitären Charakter.«

Derartige Behauptungen finden sich u.a. in den Schriften angelsächsischer Revisionisten. Dies ist wahrscheinlich auf die Tatsache zurückzuführen, daß das Problem „Euthanasie" und „Sterbehilfe" dort offener und unbefangener diskutiert wird.

Die professionellen Geschichtsverfälscher machen sich Unbefangenheit und Unwissenheit ihrer Zuhörer zu eigen, um das nationalsozialistische „T4-Programm" als Umsetzung ethischer Überlegungen zu präsentieren. In diesem Zusammenhang wird auch ungeniert aus dem in der Tat propangandistisch gelungenen, weil reflektiert wirkenden Führerbefehl zitiert:

> „[...], die Befugnisse namentlich zu bestimmender Ärzte so zu erweitern, daß nach menschlichem Ermessen unheilbar Kranke bei kritischster Beurteilung ihres Krankheitszustandes der Gnadentod gewährt werden kann." [72]

Busse der „Gemeinnützigen Krankentransport GmbH" vor der Anstalt Eichberg. In diesen Bussen wurde mit Spritzen und Tabletten gemordet.

81

Davon einmal abgesehen, daß es eine unverschämte Beleidigung darstellt, die Mörder der „T4"-Aktion mit der vorsichtigen, ethischen Diskussion in Verbindung zu bringen, wie sie zur Zeit unter anderem von Philosophen wie Ernst Tugendhat oder Ronald Dworkin geführt wird[73], sollte an dieser Stelle ganz nüchtern auf den entscheidenden Unterschied aufmerksam gemacht werden. Die Planungen zur Vernichtung „lebensunwerten" Lebens stellten keine ethische, sondern eine ökonomische Diskussion dar.

Es ging Hitler und seinen Schergen nicht darum, ob es erlaubt sein könnte, jemanden von seinen Leiden zu erlösen. Es wurde beschlossen, Kosten zu sparen und, wenn möglich, Gewinn zu erwirtschaften. Es ging nicht darum, vorsichtig das Für und Wider eines Gnadentodes zu erwägen. Die Vertreter von Rassenhygiene und der Theorie vom „Überleben des Stärkeren" hatten nie einen Zweifel daran, was „lebensunwertes" Leben ist. Es ging darum, Begründungen zu finden, um Menschen, die der Gesellschaft Kosten verursachten, beseitigen zu können. Wie Hitlers Befehl zu verstehen war, hat einer der Beteiligten, Viktor Brack, vor dem Nürnberger Tribunal sehr deutlich gemacht:

> „Letzten Grundes bezweckte Hitler, [...] jene Leute auszumerzen, die in Irrenhäusern und ähnlichen Anstalten verwahrt und für das Reich von keinem irgendwelchen Nutzen mehr waren. Diese Leute wurden als nutzlose Esser angesehen, und Hitler war der Ansicht, daß durch die Vernichtung dieser sogenannten nutzlosen Esser die Möglichkeit gegeben wäre, weitere Ärzte, Pfleger, Pflegerinnen und anderes Personal, Krankenbetten und andere Einrichtungen für den Gebrauch der Wehrmacht freizumachen." [74]

Die Nazis schreckten auch nicht davor zurück, Kranke und Behinderte (wie z.B. Alkoholiker oder Blinde) umzubringen, die selbst in der Lage waren zu erklären, daß sie ihr eigenes Leben als durchaus noch lebenswert empfanden.

Die Tötungsmaschinerie der „T4"-Aktion stand niemals in irgendeinem Zusammenhang mit humanitären Überlegungen. Von der oben genannten Grundlage der Entscheidung einmal abgesehen, entbehrte darüber hinaus die ärztliche Indikation, der Umgang mit den Opfern, wie auch die Tötung selbst jeder Humanität.

Aus der Tötungsanstalt Hadamar berichtet ein Augenzeuge:

> „[...] Ich kann mich noch daran erinnern, daß aus Anlaß der Tötung des 10.000. Geisteskranken im Keller eine Feier stattfand. Die Feier fand unmittelbar im Krematorium statt. Der 10.000ste Kranke war im Krematorium aufgebahrt. Es handelte sich um einen kleinen Menschen mit einem ungeheuren Wasserkopf. Der Kranke mit dem Wasserkopf blieb während der ganzen Feier aufgebahrt. Ich erinnere mich noch, daß Dr. B. eine Rede hielt; ein Angehöriger der Verwaltung verkleidete sich mit Hilfe einer gewendeten Anzugsjacke als evangelischer Pfarrer und hielt auch eine Rede. Alle Teilnehmer an dieser Feierlichkeit bekamen eine Flasche Bier [...]." [75]

Holocaust
Völkermord in und außerhalb von KZs

Konzentrationslager

Statt eines Kommentars sei an dieser Stelle ein Auszug aus den Aussagen des Lagerkommandanten Höß von 1947 abgedruckt:

„Ich befehligte Auschwitz bis zum 1. Dezember 1943 und schätze, daß mindestens 2.500.000 Opfer dort durch Vergasung und Verbrennen hingerichtet und ausgerottet wurden; mindestens eine weitere halbe Million starb durch Hunger und Krankheit, was eine Gesamtzahl von ungefähr 3.000.000 Toten ausmacht. Diese Zahl stellt ungefähr 70 oder 80% aller Personen dar, die als Gefangene nach Auschwitz geschickt wurden, die übrigen wurden ausgesucht und für Sklavenarbeit in den Industrien im und um das Konzentrationslager verwendet." [76]

Natürlich gelten für die Holocaustleugner die Aussagen von Höß überhaupt nicht, weil er zu den Aussagen gezwungen worden sei.
Natürlich stimmen, wie bei allen Zeugenaussagen, Details nicht; natürlich verzerrt subjektive Wahrnehmung. Aber Geschichtswissenschaftler sind keine gutgläubigen Geschichtenerzähler. Selbstverständlich werden Quellen überprüft, Aussagen mit anderen verglichen und schriftliche Dokumente hinzugezogen. So wurde natürlich auch bei den Zahlenangaben von Höß verfahren. Höß hat, vielleicht weil er sich wichtig machen wollte, vielleicht wirklich aus Unkenntnis, bei den Zahlen übertrieben. Nüchterne Schätzungen

gehen davon aus, daß in Auschwitz „nur" zwischen 1 und 1,5 Millionen Männer, Frauen und Kinder ermordet wurden. Tatsache bleibt: Auschwitz ist der größte Friedhof der menschlichen Geschichte. Aber um diese Diskussion geht es den Leugnern gar nicht, weil es für sie sonst zu schwierig würde.

„Sie verwerfen jegliches menschliches Zeugnis als unzuverlässig, gleichgültig ob es von der SS, ehemaligen Lagerinsassen oder Angehörigen der Sonderkommandos stammt.
An diesem Standpunkt halten sie fest, obwohl die Aussagen aller Befragten hinsichtlich der Abläufe bei den Vergasungen auch in Details generell miteinander übereinstimmen." [77].

Lagertor von Auschwitz-Birkenau, durch das die Züge zur Rampe fuhren.

Lüge Nr. 28 Konzentrationslager

» **Die Quellenlage zu den KZs ist derart schlecht, daß man wirklich exakte Aussagen über die Lager nicht mehr machen kann.**«

Die Selektion auf der Rampe. Die Menschen in der linken hinteren Schlange stehen kurz vor dem Gang in die Gaskammer.

Diese Lüge greift die von vielen Historikern beklagte Vernichtung von Beweismaterial durch die SS-Wachmannschaften auf. In der Tat ist es richtig, daß die Täter versuchten, Spuren ihrer grauenvollen Taten zu verwischen, bevor sie sich vor der Roten Armee zurückzogen. Im Rahmen dieser Aktion wurden auch die Gaskammern und Krematorien von Auschwitz-Birkenau gesprengt. Tatsache ist aber auch, daß allein im Museum der Gedenkstätte Auschwitz fünf laufende Meter Akten über die Verwaltung des Lagers und mehr als fünfzehn laufende Meter Akten der Zentralbauleitung der Waffen-SS und Polizei erhalten geblieben sind.

Hier finden sich sogar Pläne und laufende Korrespondenz mit den am Bau der Krematorien und Gaskammern in Auschwitz-Birkenau beteiligten Firmen. Diese Dokumente sind im Museum der Gedenkstätte Auschwitz zugänglich. Der polnischen Wissenschaftlerin Danuta Czech ist es gelungen, eine nahezu lückenlose Erfassung aller 1.689 Tage von Auschwitz vorzulegen. [78]

In den Beständen des Museums findet sich auch eine Fotoserie, mit der die Täter selbst die Selektion von ungarischen Juden an der Rampe im Mai 1944 dokumentierten. (Der SS-Arzt und Obersturmbannführer Dr. med. Heinz Thilo, ist auf den Bildern gut zu erkennen.) [79]

Es ist logisch anzunehmen, daß die Täter, sofern sie überhaupt eine Auswahl getroffen haben, vor allem jene Akten vernichteten, die sie im besonderem Maße belasteten. Wenn also die Vernichtung von Akten eine genaue Rekonstruktion des KZ-Lebens verhindert, so müssen wir eher annehmen, daß alles noch schlimmer war als durch die erhaltenen Dokumente belegt wird.
Außerdem gibt es die „stillen Zeugen von Auschwitz"– Berge von Haaren, Schuhen, Kleidung und Brillen – in der ständigen Ausstellung in Auschwitz zu sehen.
Auch haben die Überlebenden der KZs eine Vielzahl von Zeugnissen abgelegt.
Die Namen Primo Levi, Heinz Rosenberg, Ruth Klüger, Jean Amery und die Sammlung von Augenzeugenberichten „The Survivor" von Terence Des Pres seien als willkürliche Auswahl aus einer fast schon unüberschaubaren Fülle von Zeugnissen genannt.
Außerdem gibt es ungezählte Aussagen und schriftliche Belege von Täterseite.

Lüge Nr. 29   Konzentrationslager

»Die KZs waren reine Erziehungs- und Straf- lager, in denen keine Gaskammern existierten.«

Diese Behauptung taucht nicht nur besonders häufig in Diskussionen auf, sondern wird durch eine geschickte Auswahl von Materialien untermauert. Oftmals verweisen auch Jugendliche darauf, daß sie selbst KZ-Gedenkstätten besucht hätten, aber dort keine Gas- kammern vorfanden. Teils böswillig, teils selbst getäuscht, verweisen sie auf Insassenberichte von Menschen, die vor 1941 in ein Lager eingeliefert wurden, oder legen Pläne des Stamm- lagers Auschwitz vor, auf denen sich keine Gaskammern befinden.

Zu den KZ-Besichtigungen muß man darauf hinweisen, daß bei weitem nicht alle KZs auch Gaskammern besaßen. Da die meisten Vernichtungslager von den Nazis außerhalb des eigentlichen Reichsgebietes (mit Ausnahme von Auschwitz und Chelmno (Kulmhof), die sich innerhalb der Grenzen des neuen Kernreiches befanden) angelegt worden sind, haben wohl die meisten deutschen Jugendlichen auch niemals ein Vernichtungslager besucht.

Verdrängt und vergessen ist, daß es ein ganzes System von KZs gab, zu denen Arbeitslager, Durchgangslager, Kriegsgefangenenlager und Vernichtungslager gehörten, die zusammen mit Außenlagern in ganz Deutschland verteilt waren. Zwangsarbeit war immer ein Kennzeichen der KZs: Anfänglich wurden die Gefangenen in der Bauindustrie, später in der Rüstungsindu- strie eingesetzt. Die Vernichtungslager hatten einzig und allein den Zweck, alle dort Ankom- menden so schnell und reibungslos wie möglich zu ermorden. Selektionen, wie in Auschwitz, waren eher die Ausnahme und richteten sich nach dem aktuellen Arbeitskräftebedarf.

Zu diesen Vernichtungslagern zählten:

Auschwitz-Birkenau (mindestens 1.000.000 Tote), Treblinka (mindestens 974.000 Tote), Sobibor (mindestens 250.000 Tote), Belzec (mindestens 600.000 Tote), Chelmno (Kulmhof) (mindestens 225.000 Tote), Majdanek (Lublin) (mindestens 250.000 Tote).

In den anderen KZs wurde vor allem die Vernichtung durch Arbeit und Unterernährung betrieben. Hinrichtungen gehörten zwar zur Tagesordnung, entsprachen jedoch nicht der fabrikmäßigen Tötungsmaschinerie der Vernichtungslager.

Die Insassen, die „nur" von „Erziehungsmaßnahmen", Zwangsarbeit und anschließender Freilassung berichten, lügen sicher nicht. Allerdings stammen derartige Berichte fast

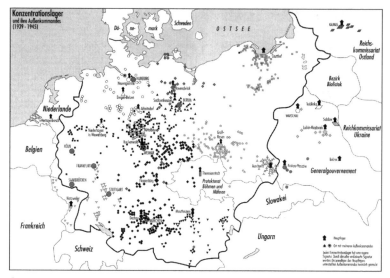

Übersicht über alle Konzentrationslager.

ausschließlich von deutschen politischen Häftlingen, die zwischen 1933 und 1936, höchstens jedoch bis 1939/1940 in einem KZ einsaßen. Das Konzept der Konzentrationslager wandelte sich nämlich von 1933 bis 1941 grundlegend vom Erziehungs- und Straflager (für politische Gegner) hin zum Vernichtungslager (für Juden, Sinti und Roma, Kriegsgefangene, „Untermenschen"). Hitler gab 1941 den Befehl zur physischen Vernichtung der jüdischen Rasse (siehe „Lüge Nr. 1", S. 12). Die Rassenideologie (mit den Juden als Hauptfeind) fand zunächst ihre praktische Umsetzung in der Politik des Terrorismus gegen die Juden, um sie zur Emigration zu zwingen. Mit dem Angriff auf die Sowjetunion stellte sich ein neues Problem: Wohin mit Millionen Juden aus den eroberten Gebieten? Gleichzeitig bot sich aber auch die „Lösung": Fernab vom Reich, im Schutz der Kriegshandlungen, konnte man zur systematischen Vernichtung der Juden übergehen. Auf diese Weise radikalisierten sich die bestehenden Lager zu Vernichtungsinstitutionen, und es wurden neue reine Vernichtungslager gebaut (z.B. Auschwitz II – Birkenau). Andere Berichte tauchen zwar immer wieder auf, sind jedoch entweder total gefälscht oder in ihrer Aussage entstellt.

Selbst wenn es stimmen würde, daß es in den Vernichtungslagern überhaupt keine Gaskammern gegeben hätte, spricht das die Nazis noch nicht vom Massenmord frei. In Chelmno (Kulmhof) beispielsweise wurden Hunderttausende in Gaswagen ermordet. Auch Massenerschießungen waren an der Tagesordnung. In Belzec und Treblinka wurde Alte, Kranke und Kinder gleich von der Rampe weggebracht und erschossen.

Ein beliebter Trick, um die Existenz von Gaskammern in Auschwitz zu bestreiten, ist das Vorlegen eines Grundrisses des Stammlagers Auschwitz (Auschwitz I) in einem Ausbauzustand um 1940 herum. Da viele Jugendliche nicht wissen, daß sich die Vernichtungswelt von Auschwitz in viele Lager unterteilt und die eigentliche Zentrale der Vernichtung das Lager Auschwitz-Birkenau (Auschwitz II) war, ist dieser Betrug oft sehr erfolgreich. Es werden auch nachträglich selbst angefertigte Grundrisse verwendet. Anbei eine Ablichtung Auschwitz-Birkenaus in der letzten Ausbaustufe.

Es sei hier noch angemerkt, daß vermutlich am 16.9.1941 im Leichenkeller des Krematoriums im Stammlager bei einer „Probevergasung" 900 sowjetische Kriegsgefangene ermordet worden sind. Dem war eine Probevergasung im Kellergeschoß von Block 11, bei der ca. 600 Kriegsgefangene und 250 selektierte Häftlinge ermordet wurden, vorausgegangen (vermutlich am 3.9.1941). [80]

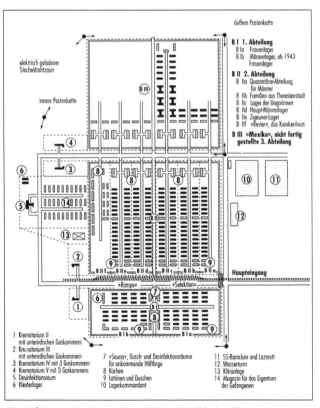

Grundriß des Auschwitzlagers Nr. II (Birkenau) im Oktober 1944.

Lüge Nr. 30 — Konzentrationslager

»In den KZs, in denen es keine Gaskammern gab, wurde auch nicht gemordet.«

Diese Behauptung wird zumeist dafür genutzt, um die Gaskammern als Entgleisung einzelner Lagerkommandanten darzustellen. Bestritten wird, daß die übrigen KZs auch ohne Gaskammern Orte des tausendfachen, planmäßigen Sterbens und Mordens waren. Die planmäßige Vernichtung durch Arbeit, Hunger, Schläge, Erschießen, Erhängen, medizinische Versuche und andere Methoden zu belegen ist leicht. Allein im KZ Buchenwald wurden 8.483 sowjetische Kriegsgefangene durch eine Genickschußanlage ermordet, die noch heute erhalten ist.
Beinahe ebenso vollständig erhalten sind die schriftlichen Unterlagen über 1.100 Todesurteile durch Erhängen. [81]
Von den insgesamt 238.980 Häftlingen, die von 1937 bis 1945 Buchenwald und seine Nebenlager durchlaufen haben, wurden 43.045 ermordet.

Leichen von Häftlingen im Konzentrationslager Dachau.

Bei der Befreiung Dachaus am 30. April 1945 fanden die Soldaten der amerikanischen 7. Armee 50 Güterwagen mit Hunderten aufeinander geschichteter Leichen der Häftlinge anderer, schon geräumter Lager.

In Dachau, im März 1933 als eines der ersten KZ eingerichtet, gab es, bei insgesamt 206.206 Gefangenen, 31.591 registrierte Todesfälle. In Dachau gab es wohl keine Massentötungen mit Giftgas, weil es keine funktionierende Gaskammer gab, aber ein Krematorium mit vier Verbrennungsöfen. Es fanden Massenerschießungen und -erhängungen statt. Die Gesamtzahl der Opfer in Dachau, einschließlich der auf den Todesmärschen umgekommenen, läßt sich nicht ermitteln. Es starben aber noch tausende ehemalige Lagerhäftlinge nach der Befreiung an den Folgen des Hungers oder der Krankheiten, die sie sich in dem völlig überfüllten Lager geholt hatten.

Auch gezielte Vernichtung durch Arbeit und Unterernährung machte das Wesen aller KZs aus. In Buchenwald mußten die Häftlinge 14 bis 15 Stunden in den berüchtigten Steinbrüchen arbeiten. Die SS bestand auf scharfem Tempo. In Auschwitz mußten Kartoffeln im Laufschritt entladen werden, mit Kies gefüllte Schubkarren mußten im Trab steile Böschungen hinaufgeschoben werden. Wer nicht mithalten konnte, hatte ein schnelles Ende zu erwarten. Die Lebenserwartung eines jüdischen Häftlings in den IG-Farben-Fabriken in Auschwitz betrug 3-4 Monate, in den Kohlebergwerken nur 1 Monat. [82]

Gegen die These von der Entgleisung einzelner Lagerkommandanten sind die Aussagen anzuführen, in denen der Lagerkommandant von Auschwitz, Rudolf Höß, über die auf höchster Ebene durchgeführte Suche nach einem geeigneten Tötungsmittel berichtet.
Höß in seiner 1947 gemachten Aussage über die Organisation des Holocaust (Auszüge):

> „Kurze Zeit danach kam Eichmann zu mir nach Auschwitz. Er weihte mich in die Pläne der Aktion in den einzelnen Ländern ein. [...] Wir besprachen weiter die Durchführung der Vernichtung. Es käme nur Gas in Frage, denn durch Erschießen die zu erwartenden Massen zu beseitigen wäre schlechterdings unmöglich und auch eine zu große Belastung für die SS-Männer, die dies durchführen müßten im Hinblick auf Frauen und Kinder.
>
> Eichmann machte mich bekannt mit der Tötung durch die Motoren-Abgase in Lastwagen, wie sie bisher im Osten durchgeführt wurde. Dies käme aber für die zu erwartenden Massen-Transporte in Auschwitz nicht in Frage. Die Tötung durch Kohlenoxyd-Gas, durch Brausen in einem Baderaum, wie die Vernichtung der Geisteskranken an einer Stelle des Reiches durchgeführt wurde, erforderte zuviel Baulichkeiten, auch wäre die Beschaffung des Gases für die großen Massen sehr problematisch. Wir kamen in dieser Frage zu keinem Entscheid. Eichmann wollte sich nach einem Gas, das leicht zu beschaffen wäre und keine besonderen Anlagen erforderte, erkundigen und mir dann berichten." [83]

Vernichtung durch Unterernährung in Bergen-Belsen.

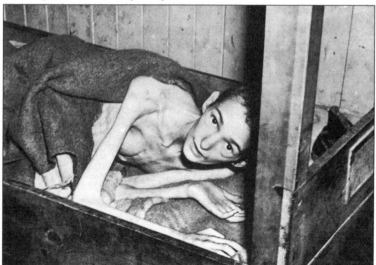

Lüge Nr. 31   Konzentrationslager

»Die Zahlen der Ermordeten sind übertrieben hoch.«

Dies ist der beliebteste Einwand jener Geschichtsfälscher, die uns einreden wollen, die Ermordung von angeblich nur 3 Millionen Menschen sei besser als die von 6 Millionen. Angeblich läge eine möglichst hohe Zahl von Opfern im Interesse der jüdischen Organisationen und des Staates Israel. Mit dem typischen jüdischen Laster, der Geldgier, wolle man so Deutschland zur „ewigen Milchkuh Israels" machen. Aber Israel sollte dann ein ganz anderes Interesse haben, denn das Geld, das Israel zufloß, waren Eingliederungshilfen für die Überlebenden. (Übrigens schätzt man das von den Nazis geraubte Besitztum der Juden auf mehr als 6 Milliarden Dollar.)

Eine exemplarische Halbwahrheit sind die Häftlingsnummern von Auschwitz, mit denen argumentiert wird. In diesem Zusammenhang werden in der Gedenkstätte Auschwitz erhaltene Akten zitiert, deren Existenz sonst geleugnet wird (siehe „Lüge Nr. 28", S. 85). Die Argumentation verläuft wie folgt: Am 18. Januar 1945 erhielt Engelbert Marketsch – der letzte eingelieferte Häftling – die Nummer 202.499, ergo können in Auschwitz nicht die geschätzten 1 bis 1,3 Mio. Menschen, sondern maximal „nur" 202.498 Menschen ums Leben gekommen sein.

Im Lagerregister eingetragen sind genau 404.222 Menschen, denen auch eine Nummer auf den Unterarm tätowiert wurde. Die Auschwitzleugner „übersehen", daß es verschiedene Nummernserien gab (auch um die tatsächliche Zahl der Häftlinge zu verschleiern), z.B. für „Erziehungshäftlinge", für „Zigeuner", für Männer und Frauen. Die A-Serie und dann die B-Serie wurden Mitte 1944 eingeführt. Eine ähnliche Argumentation existiert bezüglich der Registrierungszahlen, die mit Buchstaben beginnen. Die Buchstaben, so wird behauptet, würden die Namen der Lager bezeichnen, die Nummern die Anzahl der Häftlinge. Als Antwort sei hier aus den Erinnerungen von Ruth Klüger zitiert, die als 13jährige Auschwitz erleben mußte:

> „Das ‚A' bedeutete eine hohe Nummer. Das heißt, es diente als Kürzel für viele vorhergegangene Morde. Es stand nicht für ‚Auschwitz', wie es in Filmen und im Fernsehen manchmal

dargestellt wird. Solche Ungenauigkeiten ärgern mich. Erstens sind sie Phantasien, die sich als wirklichkeitsgetreue ausgeben und dadurch die Erinnerung schmälern. Und zweitens steckt hinter dem Hang, falsche Zusammenhänge zu erfinden, eine Faszination, die leicht in Widerwillen umschlägt." [84]

Weiterhin erhielten nur jene Häftlinge eine Nummer, die bei der ersten Selektion auf der Rampe nicht für das Gas bestimmt worden waren. Die anderen wurden sofort ermordet, ohne je genau registriert worden zu sein. Dasselbe gilt für die nicht geringe Zahl jener, die bereits während des Transportes umgekommen waren.

Andere Geschichtsfälscher ziehen sich auf die Zahl der reinen KZ-Opfer zurück, welche auf mindestens 3.894.305 [85], davon über 3 Millionen Juden, geschätzt wird, und äußern sarkastisch Unverständnis über die Zahl von ca. 6 Millionen Holocaust-Opfern. Zynisch „übersehen" sie die Opfer vor, während und nach der sogenannten „Kristallnacht", das Sterben in überfüllten Viehwaggons, im Generalgouvernement, in Gettos und während Sondereinsätzen und Massenerschießungen.
Natürlich wird sich die Zahl der ermordeten Juden niemals mehr ganz exakt ermitteln lassen, aber alle aus Quellen zusammengestellten, aus Vergleichswerten hochgerechneten und nach anderen Indizien geschätzten Zahlen, ergeben etwa 5,1 Millionen im Minimum und knapp über 6 Millionen im Maximum als Gesamtbilanz der jüdischen Opfer.

Lüge Nr. 32 — Konzentrationslager

»Die Wörter „Vergasung" oder „Gaskammer" sind in keinem Schriftstück des Dritten Reiches nachzuweisen.«

In der Tat haben die Nazis versucht, auch in ihren internen Dokumenten möglichst viele Spuren zu verwischen: So sprach man z.B. immer von Judendeportationen oder Sonderbehandlungen, wenn man deren Ermordung meinte. Man sprach auch immer nur vom Krematorium, wenn man die gesamte Vernichtungsanlage meinte, der Vergasungsraum hieß Duschraum usw. Manchmal aber ist die Wahrheit aus Versehen auch in den Dokumenten „hängengeblieben".

Ein Beispiel: Die Zentralbauleitung der Waffen-SS und Polizei Auschwitz meldete am 29.1.1943 die vorläufige Fertigstellung des Krematoriums II in Auschwitz-Birkenau nach Berlin:

> „Das Krematorium II wurde unter Einsatz aller verfügbaren Kräfte trotz unsagbarer Schwierigkeiten und Frostwetter bei Tag- und Nachtbetrieb bis auf bauliche Kleinigkeiten fertiggestellt. Die Öfen wurden im Beisein des Herrn Oberingenieur

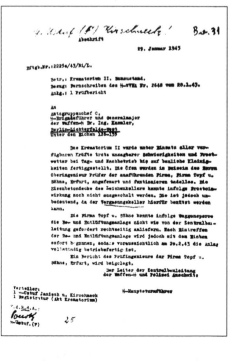

Meldung über die Fertigstellung des Krematoriums II in Birkenau im Januar 1943.

Prüfer der ausführenden Firma, Firma Topf und Söhne, Erfurt, angefeuert und funktionieren tadellos. Die Eisenbetondecke des Leichenkellers konnte infolge Frosteinwirkung noch nicht ausgeschalt werden. Die ist jedoch unbedeutend, da der Vergasungskeller [sic!] hierfür benutzt werden kann." [86]

Der französische Apotheker Jean-Claude Pressac, der eine Zeit lang Anhänger des Revisionisten Faurisson gewesen ist, wollte ganz sicher sein und Beweise haben. Inzwischen hat er nach jahrelanger Arbeit monumentale Studien über die Vergasungsanlagen veröffentlicht und eindeutige Beweise für die Existenz und Funktionsweise der Gaskammern gefunden und auch veröffentlicht. Im folgenden sind einige wesentliche Punkte von Pressac zusammengefaßt:

So hat Pressac zwei weitere Dokumente gefunden, in denen Arbeiter der Firma Topf und Söhne, die mit der Entwicklung und Installierung der Gaskammern beauftragt war, auf einem Stundenzettel Arbeiten in der „Gaskammer" vermerkten.
Am 13.2.1943 wurden vom KZ Auschwitz zwölf gasdichte Türen für die Krematorien IV und V bestellt. Die Fenster und Türen waren am 25.2. fertig und wurden am 28.2. eingepaßt. Ein Report derselben Firma vom 2.3.1943 enthält den Eintrag „Fußboden betonieren in Gaskammer". Den Arbeitern war augenscheinlich völlig klar, was sie da taten.

Es gibt aber auch noch indirekte schriftliche Beweise für die Existenz der Gaskammern:
- Warum wurden in einen Raum 14 Duschen und 1 gasdichte Tür eingebaut?
- Wieso wurden in einen Raum von 210 Quadratmetern nur 14 Duschen eingebaut und nicht 115, was das entsprechende Verhältnis zu den wirklichen Duschräumen in Auschwitz gewesen wäre?
- Warum sind auf Inventurzeichnungen die Duschköpfe nicht an die Wasserleitungen angeschlossen?
- Warum waren die Duschköpfe in einigen Gaskammern auf Holzbalken montiert? (Was bis heute zu sehen ist.) Einen funktionierenden Duschkopf würde man nie auf Holzbalken installieren.
- Wieso brauchten „Auskleidekeller" aufwendige Entlüftungssysteme?
- Wieso erkundigt sich ein Arbeiter brieflich nach Vorheizmöglichkeiten für einen „Leichenkeller"? Leichenkeller müssen kühl gehalten werden, Zyklon B zerdampft umso schneller, je wärmer es ist.
- Warum braucht man für eine gasdichte Tür einer „Leichen- oder Desinfektionskammer" ein Guckloch?
- Warum wurden hermetisch schließende Türen bestellt?
- Wenn angeblich die Türen gegen schlechte Gerüche und das Desinfektionsmittel Zyklon B nötig waren, warum wurde ein Leichenkeller dann mit Zyklon B desinfiziert, was kein Desinfektionsmittel ist, sondern ein Insektizid (Insektenvertilgungsmittel).
- Und: Wenn die Gaskammern „Leichenkeller" gewesen sein sollen, was machen 14 Duschen in einem Leichenkeller? [87]

Lüge Nr. 33   Konzentrationslager

» Da niemand eine Vergasung überlebte, gibt es auch keine beweiskräftigen Zeugenaussagen. «

Es fällt sicherlich jedem schwer, auf das verbrecherische Kalkül („Kein Zeuge darf überleben") und die widerliche Arroganz dieser Lüge ruhig und kühl zu antworten. Zunächst ist sie zutiefst unlogisch. Selbst wenn kein Passagier den Untergang der Titanic überlebt hätte, um darüber zu berichten, wäre das Schiff dennoch gesunken.

Tatsache ist, daß Vergasungen auch durch Augenzeugen dokumentiert worden sind. Mitglieder von Sonderkommandos, die dazu gezwungen wurden, die Gaskammern von den Leichen zu räumen, die Toten zu „filzen" und ihnen das Zahngold herauszubrechen, haben in wenigen Einzelfällen überlebt – in der Regel wurden sie als lästige Mitwisser regelmäßig vergast. Zudem haben sie Tagebücher vergraben, die gefunden und archiviert worden sind. In seltenen Fällen gelang den Mitgliedern dieser Sonderkommandos die Flucht.

Ein Beispiel ist Michal Podchlebnik, dem nach 10 Tagen im Sonderkommando des Vernichtungslagers Chelmno die Flucht gelang. (Siehe „Lüge Nr. 36", S. 105.)

Die Tatsache, daß es keine Aussage eines Vergasungsopfers selbst geben kann, zur Leugnung der Verbrechen nutzen zu wollen ist nicht nur widerlich, sondern auch intellektuell erbärmlich. Allerdings führt dies zu einer bedrückenden Einsicht, welche der Auschwitz-Überlebende Primo Levi treffend formuliert:

„Nicht wir, die Überlebenden sind die wirklichen Zeugen. Das ist eine unbequeme Einsicht, die mir langsam bewußt geworden ist, während ich die Erinnerungen anderer las und meine eigenen nach einem Abstand von Jahren wiedergelesen habe. Wir Überlebenden sind nicht nur eine verschwindend kleine, sondern auch eine anormale Minderheit: Wir sind die, die aufgrund von Pflichtverletzung, aufgrund ihrer Geschicklichkeit oder ihres Glücks den tiefsten Punkt des Abgrunds nicht berührt haben." [88]

Lüge Nr. 34 Konzentrationslager

»Das angeblich für die Vergasung genutzte Zyklon B war lediglich ein Entlausungsmittel.«

Zyklon B wurde in der Tat zur Ungezieferbekämpfung in den Lagern gebraucht und war dort auch vorrätig. Bis man entdeckte, daß Zyklon B auch zur „Bekämpfung von Menschen" geeignet war, ja sogar für Menschen noch weit giftiger ist als für Insekten: ein Milligramm pro Kilogramm Körpergewicht ist tödlich. Die SS erteilte der Firma Degesch, von der sie das in Auschwitz verwendete Gift Zyklon B (Blausäure) bezog, den Auftrag, den Stoff von jenem Geruch zu befreien, der ihm als Warnung vor unsachgemäßem Gebrauch eigentlich beigemischt werden mußte. [89]

Auschwitz-Lagerkommandant Höß über die Massenmorde (Eidesstattliche Aussage im Pohl-Pozeß in Nürnberg 1946/47):

> „Massenhinrichtungen durch Vergasung begannen im Laufe des Sommers 1941 und dauerten bis Herbst 1944. Ich beaufsichtigte

Gaskammer in Majdanek.

persönlich die Hinrichtungen in Auschwitz bis zum 1. Dezember 1943. Nachdem ich das Vernichtungsgebäude in Auschwitz errichtet hatte, verwandte ich Zyklon B, eine kristallisierte Blausäure, das durch eine kleine Öffnung in die Todeskammer eingeworfen wurde. Die älteren Vernichtungslager Belzec, Treblinka und Wolzek hatten Monoxydgas verwendet." [90]

Eidesstattliche Erklärung von Alfred Zaun über die Lieferung des Gases Zyklon B durch die Firma TESTA (Auszüge):

„[...] (3) Aus den Geschäftsbüchern, den Bilanzen und Gewinn- und Verlustrechnungen ist mir wohl bekannt, daß der Reingewinn der Firma TESTA sich 1941 und 1942 sprunghaft vergrößerte [...]

(4) Aus den Büchern ist mir bekannt, daß DEGESCH durch die Firma TESTA in 1942 und 1943 Zyklon an die SS und Konzentrationslager geliefert hat. Insbesondere gaben wir der DEGESCH in diesen Jahren Riesenaufträge für das Konzentrationslager Auschwitz." [91]

Lastwagen wurden von der Lagerverwaltung genehmigt zwecks „Abholung von Materialien für die Judenumsiedlung". Lieferungen für SS-Anlagen erfolgten jedes halbe Jahr, Auschwitz benötigte alle 6 Wochen Nachschub (Zyklon B verliert innerhalb von 3 Monaten seine Wirksamkeit), um auch für überraschende Transporte gerüstet zu sein. Auschwitz erhielt 1942 7,5t und 1943 12t Zyklon B.

Lüge Nr. 35 Konzentrationslager

»Ja, es gab Gaskammern, aber sie wurden nie benutzt.«

Die Öfen der Zwillingskrematorien II und III in Auschwitz. Links im Bild: Häftlinge bei der Arbeit.

Ein Kommentar ist an dieser Stelle überflüssig.
Die folgende Quelle ist nur eine von einer unüberschaubaren Zahl von Belegen.
Der SS-Offizier Kurt Gerstein, leitender Entseuchungsoffizier der Waffen-SS, hat bei einer Besichtigungsrundreise durch die KZs des Generalgouvernements Massenvergasungen beobachten müssen. Er war so erschüttert, daß er sich auf einer Zugreise 1942 im Berlin-Warschau-Expreß dem schwedischen Diplomaten Baron von Otter offenbarte.
Der Baron meldete die Existenz der Vernichtungszentren seiner Regierung, die aber diese Meldung nicht an die Weltöffentlichkeit weitergab. Dies war eine der frühesten Nachrichten über den Holocaust. Hier Auszüge der Erklärung von Gerstein vom 4.5.1945:

„Am anderen Tage fuhren wir nach Belcec. Ein kleiner Spezial-
bahnhof war zu diesem Zweck an einem Hügel hart nördlich der
Chaussee Lublin-Lemberg im linken Winkel der Demarkationslinie

geschaffen worden. Südlich der Chaussee einige Häuser mit der Inschrift ‚Sonderkommando Belcec der Waffen-SS'. Da der eigentliche Chef der gesamten Tötungsanlagen, der Polizei-hauptmann Wirth, noch nicht da war, stellte Globocnek mich dem SS-Hauptsturmführer Obermeyer (aus Pirmasens) vor. Dieser ließ mich an jenem Nachmittag nur das sehen, was er mir eben zeigen mußte. Ich sah an diesem Tage keine Toten, nur der Geruch der ganzen Gegend im heißen August war pestilenzartig, und Millionen von Fliegen waren überall zugegen. – Dicht bei dem kleinen zweigleisigen Bahnhof war eine große Baracke, die sogenannte Garderobe, mit einem großen Wertsachenschalter. Dann folgte ein Zimmer mit etwa 100 Stühlen, der Friseurraum. Dann eine kleine Allee im Freien unter Birken, rechts und links von doppeltem Stacheldraht umsäumt, mit Inschriften: Zu den Inhalier- und Baderäumen! – Vor uns eine Art Badehaus mit Geranien, dann ein Treppchen, und dann rechts und links je drei Räume 5 x 5 Meter, 1,90 Meter hoch, mit Holztüren wie Garagen. An der Rückwand, in der Dunkelheit recht sichtbar, große hölzerne Rampentüren. Auf dem Dach als ‚sinniger kleiner Scherz' der Davidstern!! – Vor dem Bauwerk eine Inschrift: Heckenholt-Stiftung! – Mehr habe ich an jenem Nachmittag nicht sehen können.

Am anderen Morgen um kurz vor sieben Uhr kündigt man mir an: In zehn Minuten kommt der erste Transport! Tatsächlich kam nach einigen Minuten der erste Zug von Lemberg aus an. 45 Waggons mit 6.700 Menschen, von denen 1.450 schon tot waren bei ihrer Ankunft. Hinter den vergitterten Luken schauten, entsetzlich bleich und ängstlich, Kinder durch, die Augen voll Todesangst, ferner Männer und Frauen. Der Zug fährt ein: 200 Ukrainer reißen die Türen auf und peitschen die Leute mit ihren Lederpeitschen aus den Waggons heraus. Ein großer Lautsprecher gibt die weiteren Anweisungen: Sich ganz auszuziehen, auch Prothesen, Brillen usw. Die Wertsachen am Schalter abgeben, ohne Bons oder Quittung. Die Schuhe sorgfältig zusammenbinden (wegen der Spinnstoffsammlung), denn in dem Haufen von reichlich 25 Meter Höhe hätte sonst niemand die zugehörigen Schuhe wieder zusammenfinden können. Dann die Frauen und Mädchen zum Friseur, der mit zwei, drei Scherenschlägen die ganzen Haare abschneidet und sie in Kartoffelsäcken verschwinden läßt. ‚Das ist für irgendwelche Spezialzwecke für die U-Boote bestimmt, für Dichtungen oder dergleichen!' sagt mir der SS-Unterführer, der dort Dienst tut. –

Dann setzt sich der Zug in Bewegung. Voran ein bildhübsches junges Mädchen, so gehen sie die Allee entlang, alle nackt, Männer, Frauen, Kinder, ohne Prothesen. Ich selbst stehe mit dem Hauptmann Wirth oben auf der Rampe zwischen den Kammern. Mütter mit Säuglingen an der Brust, sie kommen herauf, zögern, treten ein in die Todeskammern! – An der Ecke steht ein starker SS-Mann, der mit pastoraler Stimme zu den Armen sagt: Es passiert euch nicht das geringste! Ihr müßt nur in den Kammern tief Atem holen, das weitet die Lungen, diese Inhalation ist notwendig wegen der Krankheiten und Seuchen. Auf die Frage, was mit ihnen geschehen würde, antwortet er: Ja, natürlich, die Männer müssen arbeiten, Häuser und Chausseen bauen, aber die Frauen brauchten nicht zu arbeiten. Nur wenn sie wollen, könnten sie im Haushalt oder in der Küche mithelfen. – Für einige von diesen Armen ein kleiner Hoffnungsschimmer, der ausreicht, daß sie ohne Widerstand die paar Schritte zu den Kammern gehen – die Mehrzahl weiß Bescheid, der Geruch kündet ihnen ihr Los! – So steigen sie die kleine Treppe herauf, und dann sehen sie alles. Mütter mit Kindern an der Brust, kleine nackte Kinder, Erwachsene, Männer und Frauen, alle nackt – sie zögern, aber sie treten in die Todeskammern, von den anderen hinter ihnen vorgetrieben oder von den Lederpeitschen der SS getrieben. Die Mehrzahl, ohne ein Wort zu sagen. Eine Jüdin von etwa 40 Jahren mit flammenden Augen ruft: „Das Blut, das hier vergossen wird, über die Mörder". Sie erhält 5 oder 6 Schläge mit der Reitpeitsche ins Gesicht, vom Hauptmann Wirth persönlich, dann verschwindet auch sie in der Kammer. – Viele Menschen beten. Ich bete mit ihnen, ich drücke mich in eine Ecke und schreie laut zu meinem und ihrem Gott. Wie gern wäre ich mit ihnen in die Kammer gegangen, wie gerne wäre ich ihren Tod mitgestorben. Sie hätten dann einen uniformierten SS-Offizier in ihren Kammern gefunden – die Sache wäre als Unglücksfall aufgefaßt und behandelt worden und sang- und klanglos verschollen. Noch also darf ich nicht, ich muß noch zuvor kündigen, was ich hier erlebe! – Die Kammern füllen sich. Gut vollpacken – so hat es der Hauptmann Wirth befohlen. Die Menschen stehen einander auf den Füßen. 700 bis 800 auf 25 Quadratmetern, in 45 Kubikmetern! Die SS zwängt sie physisch zusammen, soweit es überhaupt geht! – Die Türen schließen sich. Währenddessen warten die anderen draußen im Freien, nackt! Man sagt mir: Auch im Winter genauso! Ja, aber sie können sich doch den Tod holen! sage ich. – Ja, grad for das sinn se ja doh! – sagt mir ein SS-Mann darauf in seinem Platt. – Jetzt endlich verstehe ich, warum die ganze Einrichtung Heckenholt-Stiftung heißt. Heckenholt ist der Chauffeur des Dieselmotors, ein kleiner Techniker, gleichzeitig der Erbauer der Anlage. Mit den Dieselauspuffgasen sollen die Menschen zu Tode gebracht werden. Aber der Diesel funktioniert nicht! Der Hauptmann Wirth kommt. Man sieht, es ist ihm peinlich, daß das gerade heute passieren muß, wo ich hier bin. Jawohl ich sehe alles! Und ich warte. Meine Stoppuhr hat alles brav registriert. 50 Minuten, 70 Minuten – der Diesel springt nicht an! Die Menschen warten in ihren Gaskammern. Vergeblich. Man hört sie weinen, schluchzen ... Der Hauptmann Wirth schlägt mit der Reitpeitsche dem Ukrainer, der dem Unterscharführer Heckenholt beim Diesel helfen soll, 12, 13mal ins Gesicht. Nach 2 Stunden 49 Minuten – die Stoppuhr hat alles wohl registriert – springt der Diesel an. Bis zu diesem Augenblick leben die Menschen in diesen 4 Gaskammern, viermal 750 Menschen in viermal 45 Kubikmetern! – Von neuem verstreichen 25 Minuten. Richtig, viele sind jetzt tot. Man sieht das durch das kleine Fensterchen, in dem das elektrische Licht die Kammern einen Augenblick beleuchtet. Nach 28 Minuten leben nur noch wenige. Endlich, nach 32 Minuten ist alles tot! – –

Von der anderen Seite öffnen Männer vom Arbeitskommando die Holztüren. Man hat ihnen – selbst Juden – die Freiheit versprochen und einen gewissen Promillesatz von allen gefundenen Werten für ihren schrecklichen Dienst. Wie Basalt-säulen stehen die Toten aufrecht aneinander gepreßt in den Kammern. Es wäre auch kein Platz, hinzufallen oder auch nur sich vornüber zu beugen. Selbst im Tode erkennt man noch die Familien. Sie drücken sich, im Tode verkrampft, noch die Hände, so daß man Mühe hat, sie auseinanderzureißen, um die Kammern für die nächste Charge freizumachen. Man wirft die Leichen, – naß von Schweiß und Urin, kotbeschmutzt, Menstruationsblut an den Beinen, heraus. Kinderleichen fliegen durch die Luft. Man hat keine Zeit, die Reitpeitschen der Ukrainer sausen auf die Arbeitskommandos. Zwei Dutzend Zahnärzte öffnen mit Haken den Mund und sehen nach Gold. Gold links, ohne Gold rechts. Andere Zahnärzte brechen mit Zangen und Hämmern die Goldzähne und Kronen aus den Kiefern. –

Unter allen springt der Hauptmann Wirth herum. Er ist in seinem Element. – Einige Arbeiter kontrollieren Genitalien und After nach Gold, Brillanten und Wertsachen. Wirth ruft mich heran: Heben Sie mal diese Konservenbüchse mit Goldzähnen, das ist nur von gestern und vorgestern! In einer unglaublich gewöhnlichen und falschen Sprechweise sagt er zu mir: Sie glauben gar nicht, was wir jeden Tag finden an Gold und Brillanten – er sprach es mit zwei L – und Dollar. Aber schauen sie selbst. Und nun führt er mich zu einem Juwelier, der alle diese Schätze zu verwalten hatte, und ließ mich dies alles sehen. Man zeigte mir dann noch einen früheren Chef des Kaufhauses des Westens in Berlin und einen Geiger: Das ist ein Hauptmann von der alten

Kaiserlich-Königlichen österreichischen Armee, Ritter des Eisernen Kreuzes I. Klasse, der jetzt Lagerältester beim jüdischen Arbeitsdienst ist! – Die nackten Leichen wurden auf Holztragen nur wenige Meter weiter in Gruben von 100 mal 20 mal 12 Meter geschleppt. Nach wenigen Tagen gärten die Leichen hoch und fielen alsdann kurze Zeit später stark zusammen, so daß man eine neue Schicht auf dieselben draufwerfen konnte. Dann wurden zehn Zentimeter Sand darüber gestreut, so daß nur noch vereinzelte Köpfe und Arme herausragten. – Ich sah an einer solchen Stelle Juden in den Gräbern auf den Leichen herum- klettern und arbeiten. Man sagte mir, daß versehentlich die tot Angekommenen eines Transportes nicht entkleidet worden sein. Dies müsse natürlich wegen der Spinnstoffe und Wertsachen, die sie sonst mit ins Grab nähmen, nachgeholt werden. – Weder in Belcec noch in Treblinka hat man sich irgendeine Mühe gegeben, die Getöteten zu registrieren oder zu zählen. Die Zahlen waren nur Schätzungen nach Waggoninhalt ... – Der Hauptmann Wirth bat mich, in Berlin keine Änderungen seiner Anlagen vorzuschlagen und alles so zu lassen, wie es wäre und sich bestens eingespielt und bewährt habe ...

Alle meine Angaben sind wörtlich wahr. Ich bin mir der außerordentlichen Tragweite dieser meiner Aufzeichnung vor Gott und der gesamten Menschheit voll bewußt und nehme es auf meinen Eid, daß nichts von allem, was ich registriert habe, erdichtet oder erfunden, sondern alles sich genauso verhält ...″ [92]

Holocaust-Leugnern gefällt diese Aussage eines SS-Obersturmführers überhaupt nicht.
Sie erklären Gerstein kurzerhand zum Lügner. Es existieren aber eine ganze Anzahl offizieller
Schriftstücke und Zeugnisse, die Gersteins Anwesenheit bei der Vergasung belegen.

Lüge Nr. 36 Konzentrationslager

»Es gab keine Vergasung in Kraftwagen oder mit Dieselabgasen.«

Auch diese Behauptung ist durch Dokumente leicht widerlegbar.

Aus einem Telegramm des Befehlshabers der Sicherheitspolizei und SD im Ostland an RSHA (Reichssicherheitshauptamt) II D 3 A, mit der Bitte um weitere Gaswagen vom 15.6.1942:

> „Bei Kommandeur der Sipo u. d. SD. Weißruthenien trifft wöchentlich ein Judentransport ein, der einer Sonderbehandlung zu unterziehen ist.
> Die 3 dort vorhandenen S-Wagen reichen für diese Zwecke nicht aus! Ich bitte um Zuweisung eines weiteren S-Wagen (5 Tonner). Gleichzeitig wird gebeten, für die vorhandenen 3 S-Wagen (2 Diamond, 1 Saurer) noch 20 Abgasschläuche mitzusenden, da die vorhandenen bereits undicht sind." [93]

Auszug aus der Vernehmung Josef Oberhausers, des Adjutanten des ersten Lagerkommandanten von Belzec, über die erste Lagerphase:

> „Während bei der ersten Versuchsreihe und bei den ersten Transporten der zweiten Versuchsreihe noch mit Flaschengas vergast wurde, wurden die Juden der letzten Transporte der zweiten Versuchsreihe bereits mit dem Abgas aus einem Panzermotor oder LKW-Motor, den Hackenholt bediente, getötet." [94]

Bericht des Michal Podchlebnik, Überlebender von Chelmno, 9.6.1945 (Auszüge):

> „Die Tore wurden geöffnet, und wir fuhren vor das Schloß. Nach einer Weile wurde ein zweites Tor geöffnet, und man ließ uns aus den LKW auf das Innere des Schloßhofes aussteigen. Beim Hereinfahren hatte ich die Wagenplane zur Seite gelehnt, und ich erblickte auf dem Hof einen Stapel gebrauchter Kleidung. Wir stiegen aus. Die SS-Männer bildeten ein Spalier, das bis zum Keller führte. Wir wurden gezählt und in den Keller eingeschlossen. Als wir durch das Spalier getrieben wurden, schlug man uns mit Kolben und rief: ,schneller, schneller'. Den ganzen Sonntag hindurch geschah nichts, wir saßen untätig im Keller. Zur Erledigung unserer natürlichen Bedürfnisse war ein Kübel aufgestellt [...] Auf den Kellerwänden waren viele

Aufschriften [...] Unter den Aufschriften befand sich auch eine augenfällige in jüdischer Sprache ‚Wer hierher kommt, der kommt nicht mehr lebendig heraus'. Wir machten uns hinsichtlich unseres Loses keine Illusionen mehr. Am Montag morgen nahm man 30 Juden zur Waldarbeit. Zehn weitere, bei denen auch ich mich befand, ließ man im Keller zurück. Im Keller befand sich ein Fensterchen, aber es war mit Brettern zugenagelt. Ungefähr um 8.00 Uhr morgens fuhr ein LKW vor das Schloß. Ich hörte die Stimme des Deutschen, der zu den Ankommenden sprach. Er sprach u.a.,Ihr kommt nach dem Osten. Dort sind große Flächen zum Bearbeiten. Ihr müßt euch nur umkleiden, baden. Neue Kleidung wird euch gegeben.' Es wurde Beifall geklatscht. Einige Zeit später hörten wir das Scharren nackter Füße auf dem Kellerflur, und zwar in der Nähe des Kellers, in dem wir eingeschlossen waren. Wir hörten das Rufen der Deutschen ‚schneller, schneller!'. Ich begriff, daß man die Juden auf den Hof führte. Nach einer gewissen Zeit hörte ich das Schlagen einer Autotür. Schreie wurden laut. Das Klopfen gegen die Autowand. Dann hörte ich, wie das Auto angelassen wurde. Nach 6–7 Minuten, nachdem die Schreie verstummten, fuhr das Auto von dem Hof weg. Man rief dann uns, also die zehn jüdischen Arbeiter, nach oben in ein Zimmer, in welchem auf dem Fußboden männliche und weibliche Kleidungsstücke sowie Schuhe herumlagen. Man befahl uns, die Kleider und Schuhe schnell in ein anderes Zimmer zu bringen. In diesem erwähnten Zimmer befanden sich bereits sehr viele Kleider und Schuhe. Die Schuhe legten wir auf einen besonderen Haufen. Nachdem wir diese Arbeit ausgeführt hatten, trieb man uns in den Keller zurück. Es kam erneut ein LKW und alles wiederholte sich so, wie ich es bereits beschrieben habe. So ging es den ganzen Tag.

[...] Als gegen Abend die Kameraden von der Waldarbeit zurück-kehrten, sagten sie, daß sie im Wald in einem Massengrab die Juden von Klodawy begraben hätten. Die Leichen hätten sie aus großen, schwarzen Autos herausgeholt, in denen die Juden, wie sich aus ihren Erzählungen ergab, mit Auspuffgasen vergiftet worden seien. Die Leichen seien mit Unterwäsche bekleidet gewesen. Im Inneren des Wagens hätten Handtücher und Seifen-stücke herumgelegen. Dies bestärkte meine Überzeugung, daß man den Juden nach der Entkleidung im Schloß Handtücher und Seife gegeben und sie in den Keller geführt habe, wo sie angeblich ein Bad nehmen sollten. Drei bis vier Personen dieser Gruppe kamen an diesem Tage nicht zurück, weil sie im Wald schlecht gearbeitet haben und an Ort und Stelle erschossen wurden. Am nächsten Tag meldete ich mich zur Arbeit im Wald. Als ich hinausging, sah ich auf dem Hof ein großes Auto, das mit dem

Rückenteil dem Schloß zugewandt war. Die Tür des Autos stand offen, und es war eine Laufbrücke gelegt worden, um das Betreten des Autos zu erleichtern. Es fiel mir auf, daß auf dem Boden ein Holzgitter angebracht war, wie man es in Badeanstalten sieht. Man lud uns, also 30 bis 40 Arbeiter, in zwei LKW und in einen Autobus. Dann brachte man uns in den Wald bei Chelmno. Es begleiteten uns etwa 30 bis 40 SS-Männer. Im Wald war ein Graben ausgegraben, der ein Massengrab für die hingerichteten Juden darstellte. Man befahl uns, den Graben weiter auszuheben. Zu diesem Zweck gab man uns Spaten und Pickeln. Gegen 8.00 Uhr früh kam das erste Auto aus Chelmno herbeigefahren. Die Tür des Autos wurde geöffnet, und eine dunkle Rauchwolke mit weißen Schattierungen stieg auf. Es war uns in dieser Zeit nicht erlaubt, an das Auto heranzugehen. Es war uns noch nicht einmal erlaubt, in Richtung auf die geöffnete Tür zu blicken. Ich bemerkte, wie die Deutschen nach Öffnung der Tür sich fluchtartig vom Auto entfernten. Ich kann nicht sagen, ob aus dem Inneren des Autos Verbrennungsgase oder irgendwelche anderen Gase aufstiegen. Wir standen gewöhnlich in einer solchen Entfernung, daß ich das Gas nicht riechen konnte. Gasmasken wurden nicht benutzt. Nach 3-4 Minuten gingen drei Juden: N. aus Kolo, H. aus Babiak und ein Dritter, an dessen Namen ich mich nicht mehr erinnern kann, in das Auto und warfen die Leichen auf die Erde hinaus. Die Leichen lagen im Auto kreuz und quer durcheinander und nahmen etwa einen Raum bis zur halben Höhe des Autos ein. Manche hatten im Sterben ihnen treue Angehörige in den Arm genommen. [...] Manche lebten noch. Diese bekamen von den SS-Männern mit Revolvern Gnadenschüsse. Man schoß, indem man den Revolver an den Kopf hielt, überwiegend an den Hinterkopf. Nachdem die Leichen aus dem Auto hinausgeworfen waren, fuhr das Auto nach Chelmno zurück. Zwei Juden reichten die Leichen zwei Ukrainern, deren Namen ich nicht kenne und die polnisch sprachen und zivil gekleidet waren, an. [...] Die Ukrainer rissen den Leichen die Goldzähne heraus, rissen ihnen die Säckchen mit Geld von den Hälsen, nahmen Ringe, Uhren usw. ab. Man durchsuchte die Leichen sehr genau. Man suchte dabei sogar in den Geschlechtsteilen der Frauen und im After nach Gold und Wertsachen. Bei diesen Durchsuchungen benutzen sie keine Gummihandschuhe. Die gefundenen Wertsachen legte man in einen besonderen Koffer. Die SS-Männer durchsuchten die Leichen nicht. Sie betrachteten jedoch die Arbeit der Ukrainer sehr genau. Nachdem die Leichen durchsucht waren, legte man sie in die Gruben. Man legte sie längs der Grube, und zwar in Schichten übereinander. [...] Der Kraftwagen, in dem die Menschen vergast wurden, faßte 80-90 Personen auf

einmal. Während meines Aufenthaltes in Chelmno wurden gleich-
zeitig 2 Autos benutzt. Außerdem gab es noch einen dritten
Wagen. Er war größer, er war jedoch nicht in Ordnung und stand
in Chelmno auf dem Hof (ich sah, daß ein Rad abgenommen war).
In das Waldgelände kamen täglich 12-13 Transporte. Auf diese
Weise berechne ich die tägliche Zahl der Opfer mit etwa tausend
Personen. [...] Die Wertgegenstände wurden in einen Koffer
getan. Die vorgefundenen Handtücher und Seife wurden auf einen
besonderen Stapel gelegt. Sie wurden täglich zurückgebracht.
Aus dem dritten Auto, das an diesem Tag (Dienstag) in den Wald
von Chelmno kam, wurden die Leichen meiner Frau und meiner zwei
Kinder – eines 7jährigen Jungen und eines vierjährigen Mädchens
– herausgeworfen. Ich legte mich neben die Leiche meiner Frau
und wollte, daß man mich erschieße. Irgendein SS-Mann trat an
mich mit den Worten heran ‚Dieser Riese kann noch gut arbeiten‘.
Er schlug mich dreimal mit einem Ochsenziemer und zwang mich zur
weiteren Arbeitsleistung. [...] Im allgemeinen wurden wir gut
verpflegt. An diesem Abend erhängten sich nach der Arbeit im
Keller der Jude K. aus Klodaway (an den Vornamen kann ich mich
nicht erinnern) und noch ein anderer Jude, dessen Name
mir entfallen ist. Ich hatte ebenfalls die Absicht, mich zu
erhängen, aber man überzeugte mich davon, dies nicht zu tun.
Ich arbeitete in Chelmno 10 Tage. Täglich war der Verlauf
der Judenvernichtung der gleiche. Zu dieser Zeit war das
Waldgelände noch nicht eingezäunt. Es gab noch kein Öl zum
Verbrennen der Leichen. In meiner Gegenwart wurden die Juden
aus Bugaj und sodann aus Izbica vernichtet. Am Freitag wurden
die Zigeuner aus Lodz herbeigefahren. Am Samstag kam der erste
Transport aus dem Ghetto Lodz. Bei der Ankunft des Transportes
aus Lodz wurde bei unserer Gruppe eine ‚Selektion‘ durchgeführt. Zwanzig schwache Juden wurden getötet, und die Gruppe
wurde durch die Juden aus Lodz aufgefüllt: [...] Unsere Arbeit
dauerte immer bis zum Sonnenuntergang. Während der Arbeit
wurden wir geschlagen. Wenn jemand zu wenig arbeitete, wurde
ihm befohlen, sich zu dem Leichenstapel zu legen, und er wurde
durch Genickschuß getötet. [...]

Der Verlauf der Exekutionen war täglich derselbe. Im Verhältnis
zu den jüdischen Arbeitern waren die SS-Männer grausam.
Sie bestraften sie für die geringsten Verfehlungen. Man schlug
sie aus geringsten Anlässen tot. Als ich mit dem Autobus zur
Arbeit fuhr, stellte ich fest, daß sich eines der Fenster im
Autobus öffnen ließ. Ich erzählte das meinem Kameraden W.
(an den Vornamen erinnere ich mich nicht mehr) aus Izbica und
schlug einen Fluchtversuch vor. Am folgenden Tag wollten wir
auf dem Weg zur Arbeit aus einem Fenster springen und in den

Wald flüchten. Beim Einsteigen wurden wir jedoch getrennt. Mich brachte man in einem LKW unter, während W. in einen Autobus kam. Ich entschloß mich, selbst zu flüchten. Als der Wagen im Wald war, wandte ich mich an den Wachposten mit der Bitte um Zigaretten. Ich erhielt Zigaretten und trat wieder zurück. Da umstellten meine Kameraden den Wachposten und baten ihn ebenfalls um Zigaretten. Mit einer plötzlichen Bewegung durchschnitt ich mit einem Messer, das ich bei mir versteckt hatte, die Plane rechts neben dem Chauffeur und sprang von dem Wagen. Man schoß hinter mir her, traf mich jedoch nicht. [...]" (95)

Vermerk aus dem Referat II D 3 (Kraftfahrwesen) des RSHA (= Reichssicherheitshauptamt): „Technische Änderungen an den im Betrieb eingesetzten und an den sich in Herstellung befindlichen Spezialwagen", 5.6.1942:

„[...] Seit Dezember 1941 wurden beispielsweise mit 3 eingesetzten Wagen 97.000 verarbeitet, ohne daß Mängel an den Fahrzeugen auftraten. [...] Die sonstigen bisher gemachten Erfahrungen lassen folgende technische Abänderungen zweckmäßig erscheinen: [...]
2.) Die Beschickung der Wagen beträgt normalerweise 9-10 pro m². Bei den großräumigen Saurer-Spezialwagen ist eine Ausnutzung in dieser Form nicht möglich, weil dadurch zwar keine Überlastung eintritt, jedoch die Geländegängigkeit sehr herabgemindert wird. Eine Verkleinerung der Ladefläche erscheint notwendig. [...]
4.) Um eine handliche Säuberung des Fahrzeuges vornehmen zu können, ist der Boden in der Mitte mit einer dicht verschließbaren Abflußöffnung zu versehen. Der Abflußdeckel mit etwa 200 bis 300 mm Ø erhält einen Syphonkrümmer, sodaß dünne Flüssigkeit auch während des Betriebes ablaufen kann. Zur Vermeidung von Verstopfung ist der Krümmer oben mit einem Sieb zu versehen. [...]
5.) Die bisher angebrachten Beobachtungsfenster können entfallen, da sie praktisch nie benutzt werden. [...]
6.) Die Beleuchtungskörper sind stärker als bisher gegen Zerstörung zu sichern. [...] Aus der Praxis wurde vorgeschlagen, die Lampen entfallen zu lassen, da sie angeblich nie gebraucht werden. Es wurde aber in Erfahrung gebracht, daß beim Schließen der hinteren Tür und somit Drängen der Ladung nach der Tür erfolgte [sic]. Dieses ist darauf zurückzuführen, daß die Ladung bei eintretender Dunkelheit sich nach dem Licht drängt. Es erschwert das Einklinken der Tür. Ferner wurde festgestellt, daß der auftretende Lärm wohl mit Bezug auf die Unheimlichkeit des Dunkels immer dann einsetzt, wenn sich die Türen schließen." (96)

Lüge Nr. 37 — Konzentrationslager

»Die angeblichen medizinischen Versuche an Menschen in den KZs sind reine Greuelmärchen.«

Meldung über Menschenversuche im KZ Buchenwald vom 8. Januar 1944.

Diese Behauptung kann sich auf nichts, noch nicht einmal auf verdrehte Fakten stützen.
Es gab eine Menge Ärzte und Firmen, die gerne und ohne Skrupel auf die reichlich vorhandenen „menschlichen Versuchskaninchen" zurückgriffen. Die KZ-Insassen mußten ja sowieso sterben, warum sollten sie also nicht noch vorher einen positiven Beitrag leisten, außerdem starben auch deutsche Soldaten an der Front, warum sollte es den Häftlingen besser gehen.
Hier einige Beispiele von „Greuelmärchen":
Prof. Dr. Clauberg war in Auschwitz und Ravensbrück tätig, wo er Sterilisationsexperimente an weiblichen Häftlingen vornahm. In der Regel spritzte er ätzende Flüssigkeiten in den Genitalbereich seiner Opfer.
Dr. Horst Schuhmann war bereits im Euthanasieprogramm tätig. In Auschwitz versuchte er, mittels Röntgenstrahlen die Massensterilisation von jungen Männern und Frauen zu erreichen.
Zu Schuhmanns Erfolgskontrollen gehörte es, männlichen Opfern einen mit Gummi bespannten Knüppel in den Mastdarm einzuführen und die Drüsen des Opfers so lange zu reizen,

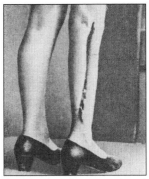 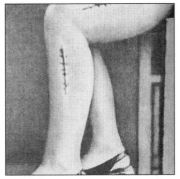

Überlebende Opfer von „medizinischen" Versuchen.

bis es zum Samenerguß kam, welcher anschließend auf Sperma untersucht wurde.
Ebenso fabrikmäßig wurden Hoden und Eierstöcke, oftmals im Beisein des nächsten Opfers, entfernt. [97]
Der Gedanke, daß man die Arbeit der „Untermenschen" noch intensiv ausnutzen sollte, ohne ihnen Gelegenheit zu schaffen, sich fortzupflanzen, war bei Nazi-Ärzten sehr populär. Diese Versuche waren also keine sadistischen Einzelentgleisungen, sondern entsprangen direkt der Nazi-Ideologie.
Dr. Rascher führte im Auftrag von SS und Luftwaffe in Dachau Versuche mit Unterdruck und Unterkühlung durch (s. S. 112).
In einem Brief vom 5.4.1942 beschreibt er in einem Zwischenbericht an Himmler ein Unterdruckexperiment:

> „Es handelte sich um einen Dauerversuch ohne Sauerstoff in 12 km Höhe bei einem 37jährigen Juden in gutem Allgemeinzustand. Die Atmung hielt bis 30 Minuten an.
> Bei 4 Minuten begann VP zu schwitzen und mit dem Kopf zu wackeln. Bei 5 Minuten traten Krämpfe auf, zwischen 6 und 10 Minuten wurde die Atmung schneller, VP bewußtlos, von 11 Minuten bis 30 Minuten verlangsamte sich die Atmung bis 3 Atemzüge pro Minute, um dann ganz aufzuhören. Zwischendurch trat stärkste Cyanose auf, außerdem Schaum vor dem Mund. In 5minütlichen Abständen wurde EKG in 3 Abteilungen geschrieben. Nach Aussetzung der Atmung wurde ununterbrochen EKG bis zum völligen Aussetzen der Herzaktion geschrieben. Anschließend, etwa $^{1}/_{2}$ Stunde nach Aufhören der Atmung, Beginn der Sektion." [98]

Über die Unterkühlungsexperimente Raschers sind ausführliche Berichte eines Gefangenen erhalten, der als Hilfskraft eingesetzt wurde. Darunter befindet sich auch die Aussage über das grauenvolle Sterben zweier sowjetischer Offiziere, die in stundenlangen Qualen, ohne Narkose den Tod erlitten. [99]

Etwa 300 Personen wurden zu diesen Experimenten gezwungen, 80-90 Prozent überlebten sie nicht.

Es bleibt noch zu erwähnen, daß alle diese „Forschungsarbeiten" – trotz des rücksichtslosen Sadismus bei den Experimenten – praktisch ohne Ergebnis blieben, sieht man einmal von solch sensationellen Ratschlägen, wie sie in Raschers „Merkblatt für das Verhalten der Truppe bei großer Kälte" zu finden sind, ab. Dort waren so hilfreiche Hinweise wie: „Die beste Abwehr gegen Kälte ist die langsame, zweckmäßige Gewöhnung an dieselbe", oder die Empfehlung feuchte Socken „nach Möglichkeit sofort zu wechseln". [100]

Prof. Schilling forschte in Dachau nach einem Impfstoff gegen Malaria, was für 300-400 seiner Versuchspersonen den Tod bedeutete. Dr. Rudolf Brachtel injizierte im selben Lager das Blut von Menschen, die an Gelbfieber verstorben waren.

In Auschwitz war ebenfalls Josef Mengele tätig, der vor allem mit Zwillingen experimentierte, um die Geburtenrate verdoppeln zu können. Dr. Nyiszli, ein Mengele als Gehilfe zugewiesener Häftling, hat seinen Chef einmal gefragt: „Wann hört all diese Vernichtung einmal auf?" Mengele antwortete: „Mein Freund! Es geht immer weiter, immer weiter!" [101]

Zu einem der wohl schrecklichsten Experimente von Mengele gehört die künstliche Schaffung Siamesischer Zwillinge. Den Kinder wurden von Mengele der Rücken geöffnet. An dieser Stelle wurden sie dann zusammengenäht. Die Kinder litten unsagbare physische und psychische Schmerzen und konnten erst nach einer Nacht von ihrer Mutter durch ein Gift, welches Barackengenossinnen organisierten, erlöst werden. [102]

Es bleibt noch zu erwähnen, daß derartige Mediziner in Heinrich Himmler einen interessierten Beobachter fanden, der sich regelmäßig unterrichten ließ und durch Vollmachten dafür sorgte, daß das benötigte „Versuchsmaterial" stets zur Verfügung stand. Über alle Versuche gibt es ausführliche Berichte. U.a. bestand eine rege Korrespondenz zwischen Rascher und Himmler. Insgesamt gab es 70 verschiedene „Forschungs"-Projekte. Nachweisbar waren 7.000 Menschen gezwungen, sich diesen Experimenten auszusetzen, die tatsächliche Zahl liegt weit höher.

Auch an Bilddokumenten fehlt es nicht:

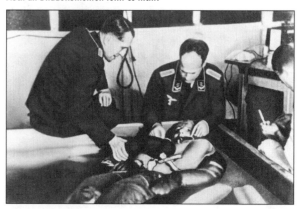

Sigmund Rascher (Bildmitte) bei Unterkühlungsversuchen im KZ Dachau.

| Lüge Nr. 38 | Holocaust außerhalb von KZs |

» Die sogenannten Einsatzgruppen stellten eine normale Ordnungspolizei dar und dienten höchstens zur Partisanenbekämpfung. «

Die Einsatzgruppen und Sonderkommandos (mehr Informationen dazu siehe „Lüge Nr. 17",
S. 56) wurden geschaffen, um „das rückwärtige Heeresgebiet" zu sichern. In der Tat existieren
Befehle über die Aufgaben der Einsatzgruppen und der Ordnungspolizei, die von Revisionisten
zur Verharmlosung jener Verbände herangezogen werden. In der Regel handelt sich
um Erklärungen der Wehrmacht, welche die Zusammenarbeit zwischen Einsatzgruppen,
SD und Abwehrstellen der Wehrmacht regeln sollen. Besonders oft wird der Befehl des
Oberkommandos des Heeres vom 26.3. bzw. 28.4.1941 herangezogen. Teile dieser Verlautbarungen lassen die Einsatzkommandos als Feldpolizei erscheinen. Die vollständige Lektüre
des Befehls enthüllt jedoch schnell den wahren Aufgabenbereich dieser Einheiten.
So sind professionelle Revisionisten auch gezwungen, zumindest folgenden Satz zu
unterschlagen, der sich unter Punkt zwei findet:

> „Die Sonderkommandos sind berechtigt, im Rahmen ihres Auf-
> trages in eigener Verantwortung gegenüber der Zivilbevölkerung
> Exekutivmaßnahmen zu treffen." [103]

Wie ihre Befehle zu verstehen waren, daran ließen die führenden Nationalsozialisten
keinen Zweifel – Einsatzbefehl Heydrichs an die HSSPf (Höhere SS- und Polizeiführer) in der
Sowjetunion, Weisung an die Einsatzgruppen und -kommandos vom 2.7.1941 (Auszug):

> „4) Exekutionen:
> Zu exekutieren sind alle
> Funktionäre der Komintern (wie überhaupt die kommunistischen
> Berufspolitiker schlechthin)
> die höheren, mittleren und radikalen unteren Funktionäre der
> Partei, der Zentralkomitees, der Gau- und Gebietskomitees
> Volkskommissare

113

Juden in Partei- und Staatsstellungen
sonstigen radikalen Elemente (Saboteure, Propagandeure,
Heckenschützen, Attentäter, Hetzer usw.)" [104]

Daß der Befehl zur umfassenden Ermordung aller Juden schon vor dem Abmarsch der Einsatzkommandos bekanntgegeben wurde, hat der Führer des Sonderkommandos 7a, Blume, dokumentiert:

„3) Während der Aufstellung der Einsatzgruppen und -kommandos in den Monaten Mai/Juni 1941 war ich in Düben anwesend. Im Laufe des Monats Juni hielten Heydrich, Chef der Sicherheitspolizei und des SD, und Areckenbach, Amtschef I des RSHA, Vorträge über die Aufgaben der Einsatzgruppen und -kommandos. Zu dieser Zeit wurden wir bereits über die Aufgabe der Judenvernichtung unterrichtet. Es wurde ausgeführt, daß das Ostjudentum das intellektuelle Reservoir des Bolschewismus sei und deshalb, nach Ansicht des Führers, vernichtet werden muß." [105]

Auf diese Weise weitete sich die Tätigkeit der Einsatzkommandos vor allem in Polen und der Sowjetunion zu einem gigantischen Massenmord aus. Über die Aktionen der Kommandos sind wir gut unterrichtet, da die Mörder selbst in militärisch korrektem Stil über ihre Einsätze Bericht führten. Allein die Tätigkeitsberichte einer SS-Brigade für die Tage des 30.7.1941, 6.8.1941 und 10.8.1941 umfassen neun Seiten (einzusehen im Zentralen Staatsarchiv Prag).

Vor der Deportation nach Treblinka lassen Angehörige des Polizeibataillons 101 Lukower Juden für Erinnerungsfotos posieren.

114

Die Ereignisse des 6.8.1941 werden folgendermaßen zusammengefaßt:

„Die Aktionen liefen ohne besondere Vorkommnisse.
Die Aktionen begannen am 4.8.41 / 4.45 Uhr und wurden
um 20.00 Uhr beendet.
Ergebnis:

	Ostrog	Hrycow	Kuniow-Radohoszcz-Ml.
erschossene Juden			
1. Männer	732	268	109
2. Frauen	225	-	50
ehemalige russ. Soldaten			
(Freischärler)	-	-	1

Insgesamt also: 1.385 Personen" [106]

Die Begründung für diese Aktionen, die Juden hätten bolschewistischen Banden Vorschub geleistet, liegt völlig in der Interpretationsbreite des Einsatzbefehls.

Himmler fand in seiner Posener-Rede am 4.10 1943 für seine Mordschergen besonderes Lob (Auszüge):

„Ich meine jetzt die Judenevakuierung, die Ausrottung des jüdischen Volkes. Es gehört zu den Dingen, die man leicht ausspricht. –‚Das jüdische Volk wird ausgerottet', sagt ein jeder Parteigenosse, ‚ganz klar, steht in unserem Programm, Ausschaltung der Juden, Ausrottung, machen wir.' Und dann kommen sie alle an, die braven 80 Millionen Deutschen, und jeder hat seinen anständigen Juden. Es ist klar, die anderen sind Schweine, aber dieser eine ist ein prima Jude. Von allen, die so reden, hat keiner zugesehen, keiner hat es durchgestanden. Von euch werden die meisten wissen, was es heißt, wenn 100 Leichen beisammen liegen, wenn 500 daliegen oder wenn 1.000 daliegen. Dies durchgehalten zu haben und dabei – abgesehen von Ausnahmen menschlicher Schwäche - anständig geblieben zu sein, das hat uns hart gemacht. Dies ist ein niemals geschriebenes und niemals zu schreibendes Ruhmesblatt unserer Geschichte [...]" [107]

Eine sehr detaillierte Arbeit über eine dieser Einsatzgruppen stammt von Christopher R. Browning. Im wesentlichen stützen sich seine Ausführungen auf Aussagen von Angehörigen dieser Ordnungspolizeitruppe, während eines Ermittlungsverfahrens der Staatsanwaltschaft Hamburg zwischen 1957 und 1965, sowie die Einsatzberichte der Gruppe selbst. Die Akten des Prozesses sind bei der Hamburger Staatsanwaltschaft unter den Kennzeichen 141 Js 128/65 und 141 Js 1957/62 archiviert. In seinem Buch mit dem Titel „Ganz normale Männer" hat Browning minutiös die Tätigkeit jenes Reserve-Polizeibataillons 101 aus Hamburg nachgezeichnet. Die Aussagen der Polizisten enthüllen die grauenvolle Wirklichkeit des Völkermordes als Alltagsgeschäft.

Auszüge aus einer Aussage über die Aktion „Erntefest", mit der der Distrikt Lublin „judenfrei" gemacht wurde:

„Ich selbst habe mit meiner Gruppe Sperrposten unmittelbar vor der Grube gestellt. Bei der Grube handelte es sich um große zickzackförmig angelegte Splittergräben, die etwa 3 m breit und 3 bis 4 Meter tief waren. [...] Durch SD-Leute, die an den Grabenrändern standen, wurden die Juden nun bis zur Exekutionsstelle vorgetrieben und hier von anderen SD-Leuten mit Maschinenpistolen vom Grabenrand aus erschossen. Da ich mich als Gruppenführer freier bewegen konnte, bin ich einmal direkt zur Exekutionsstelle hingegangen und habe hier gesehen, daß sich die jeweils nachkommenden Juden auf ihre bereits erschossenen Vorgänger legen mußten und dann mit einer Salve aus der MP gleichfalls erschossen wurden. Dabei achteten die SD-Leute darauf, daß die Juden so erschossen wurden, daß es im Leichenstapel Abstufungen gab, die es den Neuhinzukommenden auch ermöglichten, sich noch in 3 Meter Höhe auf den Leichenstapel zu legen. [...] Die ganze Angelegenheit war aber das Grausigste, was ich jemals in meinem Leben gesehen habe, denn ich habe häufig beobachten können, daß nach Abgabe der Salve Juden nur verletzt waren und mehr oder weniger lebendigen Leibes mit den Körpern anderer Erschossener begraben wurden, ohne daß auf diese Verletzten sogen. Gnadenschüsse abgegeben wurden. So habe ich in Erinnerung, daß die SS-Leute [sic!] noch aus dem Leichenstapel heraus von Verwundeten beschimpft wurden." [108]

Die Aktion „Erntefest" war ein Großeinsatz, an dem 2.000-3.000 Angehörige der Waffen-SS, von Polizeieinheiten und ein Kommando aus Auschwitz teilnahmen. Die Erschießungen selbst wurden von einem Kommando von SiPo und SD (= Sicherheitspolizei und Sicherheitsdienst) vorgenommen. Um keinen Widerstand aufkommen zu lassen, wurde die Aktion in höchster Eile vorgenommen: So wurden an einem einzigen Tag, dem 3.11.1943, bei Majdanek 17-18.000 Juden erschossen. Bei der gesamten Aktion wurden innerhalb weniger Tage 42.000 bis 43.000 Juden ermordet.
Den Umfang der Mordaktionen, die allein von diesem einem Reserve-Polizeibataillon (knapp 500 Leute) begangen wurden, hat Browning in zwei Tabellen zusammengestellt: [109]

Tabelle 1:
Anzahl der vom Reserve-Polizeibataillon 101 erschossenen Juden

Ort	Monat/Jahr	Mindestzahl der erschossenen Juden
Józefów	7/42	1.500
Łomazy	8/42	1.700
Międzyrzec	8/42	960
Serokomla	9/42	200
Kock	9/42	200
Parczew	10/42	100
Kónskowola	10/42	1.100
Międzyrzec	10/42	150
Łukow	11/42	290
Distrikt Lublin (versch. Einsätze)	ab 7/42	300
Distrikt Lublin („Judenjagd")	ab 10/42	1.000
Majdanek (Lager)	11/43	16.500
Poniatowa (Lager)	11/43	14.000
Summe:		38.000

Tabelle 2:
Anzahl der vom Reserve-Polizeibatallion 101 nach Treblinka deportierten Juden

Ort	Monat/Jahr	Mindestzahl der deportierten Juden
Parczew	8/42	5.000
Międzyrzec	8/42	10.000
Radzyń	10/42	2.000
Łukow	10/42	7.000
Międzyrzec	10/42 – 11/42	
Biała		4.800
Kreis Biała Podlaska		6.000
Komarówka		600
Wohyn		800
Czemierniki		1.000
Radzyń		2.000
Łukow	11/42	3.000
Międzyrzec	5/43	3.000
Summe:		45.200

| Lüge Nr. 39 | Holocaust außerhalb von KZs |

» Es gab keine Massenerschießungen. Es gibt keine Beweise dafür, denn Täter hätten niemals ausgesagt und Überlebende konnte es nicht geben. «

Die gleiche zynische „Verbrecherlogik" wie bei „Lüge Nr. 33" (vgl. auch „Lüge Nr. 38" und „Lüge Nr. 17", s. S. 56, 97 und 113). Man schätzt, daß etwa 25 % der Holocaust-Opfer erschossen worden sind. Den Berichten der Täter sei hier noch die Aussage einer Überlebenden hinzugefügt. Dina M. Proniceva, Überlebende des Massakers von Babyj Jar (s. S. 122), gab am 9.2.1967 folgendes zu Protokoll (Auszüge):

„Am 28. September 1941 wurde in der ganzen Stadt ein Befehl der deutschen Behörden angeschlagen, der alle jüdischen Bewohner Kiews verpflichtete, – unter Androhung der Erschießung – am 29. September 1941 gegen 8 Uhr morgens im Bezirk der Djechtjarewskaer- und Melinik-Straße zu erscheinen und warme Sachen und Wertgegenstände mitzunehmen.

Meine Eltern und ich, auch Nachbarn und Bekannte nahmen an, daß die Deutschen die jüdischen Bürger aus Kiew fort und an einen anderen Ort bringen würden. Am 29. September frühmorgens begaben sich meine Eltern und meine Schwester zu dem Sammelpunkt, der in dem Befehl genannt war. Ich begleitete sie und hatte die Absicht, dann zu meiner Familie zurückzukehren. Durch die Straßen der Stadt bewegten sich große Gruppen von Menschen, darunter waren auch alte Leute und Kinder aller Altersstufen, hauptsächlich trugen sie Handgepäck und Lebensmittel. Sie wurden begleitet von Verwandten und Bekannten, – von Ukrainern, Russen und Bürgern anderer Nationalitäten –. Die Straßen, die zum Sammelplatz führten – zum Friedhofsbezirk – waren völlig mit Menschen überfüllt. Ich, meine Eltern und meine Schwester kamen gegen Mittag in diesen Bezirk. Als wir uns dem Sammelplatz näherten, erblickten wir die Umzingelung aus deutschen Soldaten und Offizieren. Mit diesen befanden sich auch Polizisten dort. Auf dem Friedhofsgelände nahmen die Deutschen uns und den anderen Bürgern das Gepäck und die Wertsachen ab und leiteten uns in Gruppen zu je 40-50 Menschen in einen sogenannten ‚Korridor‘ von etwa drei Metern Breite, der von Deutschen gebildet wurde, die zu beiden Seiten mit Stöcken, Gummiknüppeln und Hunden dicht beieinander standen.

Mein Vater, meine Mutter und meine Schwester hatte man abgedrängt, sie gingen schon viel weiter vorn und ich konnte sie nicht mehr sehen. Alle diejenigen, die den ‚Korridor‘ passierten, wurden von den Deutschen grausam verprügelt, sie drängten sich auf den Platz am Ende des ‚Korridors‘ und dort wurden sie von Polizisten ausgezogen, sie wurden gezwungen, die ganze Kleidung abzunehmen, bis auf die Unterwäsche. Dabei wurden die Leute auch geschlagen. Beim Durchgang durch den ‚Korridor‘ wurden schon viel Leute getötet. Dann wurden die Verprügelten und Ausgezogenen gruppenweise an die Schlucht Babyj Jar gebracht, an die Stätte der Erschießung.

Auf dem Platz, wo man uns auszog, wandte ich mich an einen der Polizisten und erklärte ihm, daß ich keine Jüdin sei, sondern angeblich ukrainischer Nationalität, und daß ich nur meine Bekannten begleitet hätte. Danach brachte man mich zu einer Gruppe von etwa 30-40 Menschen, die auf einem Hügelchen saßen, abseits von dem Platz, wo man die Leute auszog.

Ich sah selbst wie die Deutschen den Müttern die Kinder fortnahmen und sie lebendig in die Schlucht warfen, ich sah geschlagene und erschlagene Frauen, Alte und Kranke. Vor meinen Augen wurden junge Menschen grau. Ich hörte endloses Schießen aus Maschinenpistolen und Maschinengewehren, ich war Augenzeugin des furchtbarsten Gewaltaktes an völlig unschuldigen Menschen.

Gegen Ende des Tages kam ein deutscher Offizier mit einem Dolmetscher zu unserer Gruppe, und auf seine Frage antworteten die Polizisten, daß wir als Begleitpersonen hierher gekommen seien und zufällig an die Stelle gelangt wären und freigelassen werden sollten. Der Offizier jedoch schrie herum und befahl, daß wir auch erschossen werden sollten, niemand dürfe freigelassen werden, weil wir alles gesehen hätten, was am Babyj Jar geschehen sei.

Und so führte man uns alle zur Erschießung. Ich ging fast als letzte der Gruppe in der Reihe. Man führte uns zu einem Vorsprung über der Schlucht und begann, uns mit Maschinenpistolen zu erschießen. Die vorn Stehenden fielen in die Schlucht, und als die Reihe an mich kam, stürzte ich mich lebendig in die Schlucht. Es kam mir vor, als ob ich eine Ewigkeit fliegen würde. Ich fiel auf menschliche Leichen, die sich dort in blutiger Masse befanden. Von diesen Opfern erklang Stöhnen, viele Menschen bewegten sich noch, sie waren nur verwundet. Hier gingen auch Deutsche und Polizisten herum, die die noch Lebenden erschossen oder totschlugen. Dieses Schicksal erwartete auch mich. Irgendeiner von den Polizisten oder Deutschen drehte mich mit dem Fuß um, so daß ich mit dem Gesicht nach oben lag, er trat mir auf die Hand und auf die Brust, danach gingen sie weiter und erschossen irgendwo weiter hinten.

Angehörige der Einsatzkommandos zwingen jüdische Frauen aus dem Getto von Mizoč, sich vor ihrer Ermordung nackt auszuziehen.

Darauf begannen sie die Leichen von oben mit Erde und Sand zuzuschütten. Ich bekam keine Luft mehr, befreite mich mit einer Hand von der Erde und kroch zum Rand der Schlucht. In der Nacht kroch ich aus der Schlucht heraus, dort traf ich einen Jungen namens Motja, etwa 14 Jahre alt, der mir erzählte, daß er zusammen mit seinem Vater erschossen werden sollte. Als der Vater in die Schlucht fiel, deckte er ihn mit seinem Körper und so war er am Leben geblieben und aus der Schlucht herausgeklettert.

Die Leichen der Frauen.
Zwei Deutsche töten die noch lebenden Opfer durch gezielte Kopfschüsse.

Zusammen mit dem Jungen kroch ich ganz leise zu einem Platz, es stellte sich heraus, daß sich unterhalb des Platzes die Stelle befand, wo man uns vor der Erschießung ausgezogen hatte. Danach krochen wir weiter in die entgegengesetzte Richtung. Am zweiten Tag sah ich, wie die Deutschen eine alte Frau und einen etwa 5-6jährigen Jungen jagten, die aus der Schlucht geflohen waren. Die alte Frau wurde erschossen, den Jungen erstachen sie mit einem Messer. Etwa zehn Meter von diesem Platz entfernt kamen sieben Deutsche, die zwei Mädchen mit sich führten. Sie vergewaltigten sie dort und erstachen sie dann. Bei Anbruch des dritten Tages entdeckten die Deutschen den Jungen Motja, der in diesem Moment gerade auf den Weg herausgegangen war, und erschossen ihn. Ich befand mich nicht weit davon entfernt in einem Versteck. Bis zum Abend saß ich in einer Müllgrube, bei Anbruch der Dunkelheit kam ich in eine Scheune irgendeines Grundstückes." (110)

Als Vergeltung für Angriffe nach der Einnahme der Stadt Kiew beschloßen Einsatzgruppenführer und Wehrmacht einen Großteil der Kiewer Juden zu töten. Durchgeführt wurde das Massaker durch das Sonderkommando 4a, das aus Angehörigen des SD, SiPo, Waffen-SS und Polizei bestand. Nach offiziellen Angaben wurden an zwei Tagen (29. und 30. Sept. 1941) 33.771 Juden ermordet. Wegen der günstigen Lage der Schlucht wurden die Morde dort monatelang weitergeführt. Nach Schätzungen sind in Babyj Jar ungefähr 100.000 Menschen umgekommen.

Die Schlucht von Babyj Jar bei Kiew:
Im September 1941 wurden hier an nur zwei Tagen
mehr als 33.000 Juden ermordet (vgl. S. 118).

Erfundenes Beweismaterial

An dieser Stelle soll exemplarisch auf eine oft verwendete Methode der Geschichtsfälscher eingegangen werden. So vehement sie die Glaubwüdigkeit von Dokumenten und Zeugenaussagen bestreiten, die nicht in ihre Ideologie passen, so schnell sind sie dabei, sich ihre eigenen Beweismittel zu schaffen. Hier handelt es sich ganz schlicht um reine Erfindungen – um Lügen, die trotz klarer Widerlegung überlebten, übernommen und zitiert wurden, bis sie fester Bestandteil der revisionistischen Literatur geworden sind. Sie sind so lange benutzt worden, daß oft nicht nur die Belogenen, sondern vielleicht auch die Betrüger selbst am Ende an die Echtheit dieser Aussagen glauben. Die Autoren haben sich somit auch methodisch in die Tradition ihres Vorbilds Joseph Göbbels gestellt, der erklärt hat, daß eine Lüge nur laut genug erzählt werden muß, um geglaubt zu werden.

„Stürmer"-Werbekasten.

Lüge Nr. 40

» **Das Rote Kreuz ließ nach Kriegsende verlauten, daß „nur" 300.000 Opfer rassischer und politischer Verfolgung zu beklagen seien.** «

Diese Lüge tauchte erstmals am 1.4.1955 in der Zeitung „Die Anklage" auf. Der Artikel trug die Überschrift „Beweise aus der Schweiz: Was nun Herr Staatsanwalt?". Das Internationale Rote Kreuz (IRK) dementierte bereits am 17.4.1955 entschieden, daß es jemals diese Verlautbarung gegeben habe. Tatsächlich findet sich diese Verlautbarung weder in den Akten des Internationalen Roten Kreuzes, noch konnte sie in irgendeinem anderen Archiv der Welt nachgewiesen werden. Die Lüge lebt dennoch weiter, auch wenn das IRK nochmals 1965 in einem Brief an das Münchner Institut für Zeitgeschichte jede Echtheit dieser Angaben verneinte.

Schreiben des IRK vom 11. Oktober 1965.

Lüge Nr. 41

»Wußten Sie, daß die sicher beklagenswerten Verluste des jüdischen Volkes – laut UNO, die keinen Grund hat, irgendein Volk besonders in Schutz zu nehmen – zweihunderttausend betragen haben?«

Diese Lüge erschien erstmals 1973 in einer Schrift von Heinz Roth: „Warum werden wir Deutschen belogen?". Es verhält sich mit dieser angeblichen Äußerung der UNO ebenso, wie mit jener des IRK: Sie ist frei erfunden. Ihrer Wirkung wird jedoch dadurch wenig Abbruch getan, auch wenn die UNO durch ihre deutsche Vertretung dem Münchner Institut für Zeitgeschichte am 1.4.1974 mitteilen ließ, daß „die Zahl von 200.000 jüdischen Opfern des NS-Regimes mit Sicherheit nicht auf Feststellungen der Vereinten Nationen beruhe."

Lüge Nr. 42

»Wußten Sie, daß eine alliierte, militärpolizeiliche Untersuchungskommission am 1. Oktober 1948 feststellte, daß in einer ganzen Reihe von KZs keine Hinrichtungen durch Giftgas stattgefunden haben?«

Diese Lüge wurde erstmals 1987 von der österreichischen, neonazistischen Zeitung „Halt" publiziert. Das „Dokument", welches diese Aussage untermauern sollte, ist unter dem Titel „Lachout-Dokument" zu einem revisionistischen Klassiker geworden. Der Inhalt des Schreibens ist schnell referiert:
Die angebliche Militärkommission kommt in einem auf den 1.10.1948 datierten Bericht zu dem Urteil,

> „daß in folgenden Konzentrationslagern keine Menschen mit Giftgas getötet wurden: Bergen-Belsen, Buchenwald, Dachau, Flossenbürg, Gross-Rosen, Mauthausen und Nebenlager, Natzweiler, Neuengamme, Niederhagen (Wewelsburg), Ravensbrück, Sachsenhausen, Stutthof, Theresienstadt." [111]

Als untersuchende Organe werden ein „Militärpolizeilicher Dienst" und eine „Alliierte Untersuchungskommission" genannt. Die Echtheit des Schreibens sollen der Stempel der „Republik Österreich Wachbataillon Wien - Kommando" und die Unterschrift eines Leutnant Lachout beweisen.

Das Dokument ist eine plumpe Fälschung (obwohl tatsächlich in kaum einem dieser Lager mit Gas gemordet wurde). Die Besatzungsmächte England, Frankreich und Rußland unterhielten keinen Militärpolizeilichen Dienst, sondern griffen auf die österreichische

Polizei zurück. Auch die Bezeichnung „Alliierte Untersuchungskommission" entspricht nicht der Terminologie dieser Zeit. „Kriegsverbrechenskommission" war stattdessen der übliche Ausdruck.

Ebenso unüblich war es, ein Dokument in Deutsch und nicht in den als Amtssprachen fungierenden Sprachen der Besatzungsmächte zu verfassen. Vollends entlarvt der Stempel dieses Dokument als bewußte Fälschung: Der Staat Österreich verfügte erst nach dem Staatsvertrag von 1955 wieder über eigene Streitkräfte.
Ein „Wachbataillon Wien - Kommando" hat 1948 überhaupt nicht bestanden.

ABSCHRIFT

Militärpolizeilicher Dienst   Wien, 1.10.1948
                               10. Ausfertigung

      R u n d s c h r e i b e n   Nr.31/48

1. Die Alliierten Untersuchungskommissionen haben bisher festgestellt, dass in folgenden Konzentrationslagern keine Menschen mit Giftgas getötet wurden:
Bergen-Belsen, Buchenwald, Dachau, Flossenbürg, Gross-Rosen, Mauthausen und Nebenlager, Natzweiler, Neuengamme, Niederhagen(Wewelsburg), Ravensbrück, Sachsenhausen, Stutthof, Theresienstadt.
In diesen Fällen konnte nachgewiesen werden, dass Geständnisse durch Folterungen erpresst wurden und Zeugenaussagen falsch waren.
Dies ist bei den KV-Erhebungen und Einvernahmen zu berücksichtigen.
Ehemalige KZ-Häftlinge, welche bei Einvernahmen Angaben über die Ermordung von Menschen, insbesondere von Juden, mit Giftgas in diesen KZ machen, ist dieses Untersuchungsergebnis zur Kenntnis zu bringen. Sollten sie weiter auf ihre Aussagen bestehen, ist die Anzeige wegen falscher Zeugenaussage zu erstatten.

2. Im RS 15/48 kann P. 1 gestrichen werden.

                      Der Leiter des MPD.:
                        Müller, Major
Für die Richtigkeit
der Ausfertigung:
Lachout, Leutnant   L.S.

F.d.R.d.A.:
Republik Österreich
Wachbataillon Wien
     Kommando   Ich bestätige hiemit, dass ich am 1.Oktober 1948
                       als Angehöriger des militärpolizeilichen Dienstes
                       beim Alliierten Militärkommando die Richtigkeit
                       der Rundschreiben-Ausfertigung gemäss § 18 Abs.4
                       AVG beglaubigt habe.

                       Wien, 2 7. Okt. 1987

Das „Lachout-Dokument".

Lüge Nr. 43

»Es existieren geheime Akten in den Händen der Briten und Amerikaner, die die Unschuld Hitlers und die wahre Zahl der Opfer belegen.«

Der Verweis auf angeblich geheime Akten wird zur Unterstützung aller nur erdenklichen Lügen benutzt. Die beliebteste Version ist ein geheimer Brief Hitlers an Himmler, in dem er die sofortige Einstellung des Genozid fordert.

Tatsache ist, daß niemand auch nur den geringsten Hinweis auf die Existenz derartiger Dokumente vorlegen konnte und daß die entsprechenden Archive seit langer Zeit offen zugänglich sind. Die meisten Dokumente lagern im Bundesarchiv in Koblenz, im Auswärtigen Amt in Bonn und im von den Amerikanern übergebenen Dokument-Center in Berlin.

Lüge Nr. 44

» „Geheime Dokumente" in Moskau beweisen alles, was die Geschichtsfälscher gerade beweisen wollen.«

Die Lüge ist dieselbe wie die über die Westalliierten, nur entstand sie wahrscheinlich später, als Ausweichmöglichkeit, nachdem die westlichen Archive geöffnet worden waren. Tatsache ist, daß auch in Moskau die Archive seit einiger Zeit zugänglich sind und sogar eine enge Zusammenarbeit zwischen dem Staatsarchiv der Russischen Föderation (GARF) in Moskau und dem Hamburger Institut für Sozialforschung existiert.

Es sei an dieser Stelle eine Gegenfrage erlaubt: Wie erlangten die selbsternannten Historiker der rechten Szene überhaupt Kenntnis von jenen Dokumenten, wenn diese doch so sehr geheimgehalten wurden?

Lüge Nr. 45

»Alle Dokumente, die den Holocaust belegen, sind gefälscht. Filme wurden gestellt und Fotos manipuliert. Sämtliche Täteraussagen wurden erzwungen.«

Die These einer globalen Verschwörung zeugt von erstaunlich schlichter Dummheit. Wie und warum, so fragt man sich, sollten die Siegermächte am Ende des Zweiten Weltkrieges eine derart gigantische Täuschung inszeniert haben.

Selbst wenn die Sieger an einer Diskreditierung Hitler-Deutschlands interessiert gewesen wären, warum hätten sie es überhaupt nötig gehabt, noch den Holocaust zu erfinden? Deutschland hatte sich auch so, durch den von ihm entfachten Weltkrieg, die halbe Welt zum Feind gemacht. (Siehe auch Verhalten der BBC, „Lüge Nr. 25", S. 73.) Wie soll es möglich gewesen sein, eine bis heute unüberschaubare Fülle von Beweismaterial, aus verschiedenen Jahren der Naziherrschaft, künstlich zu schaffen, über das zerstörte Europa zu verteilen und zu koordinieren? Natürlich gibt es bei Zeugenaussagen, Erinnerungen und bei der Abfassung von amtlichen Papieren immer auch Widersprüchliches. Wahrnehmung und Erinnerung sind immer subjektiv geprägt. Das wäre bei einer geschichtlichen Darstellung der Gegenwart auch nicht anders. Die Argumentation der Holocaust-Leugner ist da radikal: Wenn Einzelheiten unrichtig sind, kann die ganze Zeugenaussage oder Quelle nicht stimmen. Nur: alle Quellen können verhältnismäßig leicht überprüft werden. Weil die Nazis gewöhnlich alles schriftlich festhielten (siehe auch Effizienz des Staates, „Lüge Nr. 13 u. 14", S. 41 und 43), gibt es zu kaum einem anderen historischen Ereignis eine vergleichbare Menge von Urkunden, und das, obwohl ein Teil der Dokumente zerstört wurde. Die Zerstörung von Dokumenten war allerdings selbst beim Herannahen des Feindes ein zumeist heikler Akt. Er konnte einem leicht als Defätismus ausgelegt werden und so — je mehr sich der Krieg dem Ende neigte — das Leben kosten. Deswegen blieben so viele Dokumente erhalten. Daß sie verfügbar blieben, war das Resultat der Kriegsverbrecherprozesse, in deren Rahmen man dafür sorgte, daß gesammelt und archiviert wurde. Die These einer globalen Verschwörung der Siegermächte ist also offenkundig eine jede Realität leugnende Wahnvorstellung, wie sie immer wieder in sektenähnlichen Gruppen anzutreffen ist.

Was die angebliche Fälschung von Filmdokumenten betrifft, so sei an dieser Stelle auf eine der widerlichsten Behauptungen hingewiesen: Es wird allen Ernstes behauptet, daß die Filmaufnahmen, die nach der Befreiung im KZ Dachau aufgenommen worden sind, mit amerikanischen Soldaten oder mit herbeigeschafften Opfern des „Bombenterrors" gestellt worden seien. Jeder, der einmal diese Dokumentation gesehen hat, in der festgehalten worden ist, wie Leichenberge nur noch von Bulldozern in Massengräbern zusammengeschoben werden können, kann nur Verachtung für eine derart dreiste Behauptung empfinden.

*Fotodokument von 1945. Gipfelpunkt der Rassenideologie:
das Massengrab eine Konzenrationslagers, wie es alliierte Truppen vorfanden.*

Kein amerikanischer Soldat hätte sich für ein derart übles Unternehmen zur Verfügung gestellt, und wahrscheinlich hat es weder in der Armee der Vereinigten Staaten noch unter der deutschen Bevölkerung derartige Mengen von Menschen gegeben, die als dem Hungertod nahe Skelette in einer derart schlechten körperlichen Verfassung gewesen wären, um diese Toten oder Sterbenden darstellen zu können.

Kein seriöser Fachmann hat jemals die Echtheit der in öffentlichen Archiven verwahrten fotografischen Beweismaterialien in Frage gestellt. Auf vielen Bildern sind bekannte Personen des NS-Regimes identifiziert worden. Auch haben Angehörige von Tätern beim zufälligen Durchblättern oder gezielten Suche ihre Väter und Männer wiedererkannt. [112] Zudem wären solche Fälschungen damals technisch (z.B. Einmontieren von Personen) in diesem Umfang noch nicht möglich gewesen.

Die Anzahl derartiger Hirngespinste ist groß. Was Theorien über die angebliche Fälschung von Beweismaterial betrifft, so hat sich hier insbesondere Udo Walendy hervorgetan (siehe das Kapitel „Professioneller Revisionismus", S. 133 ff.).

Wir wollen hier aber keine weiteren Beispiele mehr auflisten — Menschen, die mit derartigen Behauptungen arbeiten, sind in Diskussionen durch Argumente sowieso kaum noch erreichbar.

Fotodokument vom 1. Mai 1945:
Ein polnischer Jude in einem Außenlager von Kaufering bei Landsberg vor den Leichen ermordeter Mithäftlinge.

Professioneller Revisionismus

Mit „professionellem Revisionismus" wollen wir den Personenkreis beschreiben, der aus seinem Beruf heraus (z.B. Historiker) den ideologischen Nährboden für die Rehabilitation des Nationalsozialismus betreibt oder der diese Tätigkeit als hauptamtlicher Politiker zu seinem Beruf gemacht hat. In der Regel werden die Techniken verwendet, die in den vorangegangenen Kapiteln beschrieben wurden.
Es handelt sich vor allem um die Leugnung, Manipulation oder Erfindung von Dokumenten. Ein neues Element ist die pseudonaturwissenschaftliche Widerlegung des Holocaust.

Das momentan bekannteste und verbreitetste Beispiel des neuen, revisionistischen Schrifttums ist der sogenannte „Leuchter-Report" und seine deutsche Variante, der „Remer-Report".
Bevor wir uns mit den zentralen Aussagen von **Leuchter** und **Remer** beschäftigen, seien zumindest noch einige Namen der Geschichtsschreiber erwähnt, die bei rechtsradikalen Jugendlichen oft anzutreffen sind.

Deutsche, revisionistische Schriften:
Thies Christophersen. Er schrieb „Die Auschwitzlüge. Ein Erlebnisbericht".
Zu Thies Christophersen ist zu bemerken, daß er kein Häftling – wie oft behauptet – sondern ein SS-Mann im Landwirtschaftsbetrieb von Auschwitz gewesen ist.
Der Wehrmachtsoffizier **Wilhelm Stäglich,** der in der Nähe von Auschwitz stationiert war, schrieb u.a. „Der Auschwitz Mythos – Legende oder Wirklichkeit." Sein Doktortitel wurde ihm inzwischen aberkannt.

Udo Walendy veröffentlichte:
„Bild-‚Dokumente' für die Geschichts-
schreibung?"
Emil Aretz nannte sein Werk
„Hexen-Einmal-Eins einer Lüge".
Heinz Roth verfaßte „Warum wir
Deutschen belogen werden".

Als einschlägige Verleger sind an dieser
Stelle **Erich Kern** und **Dr. Gerhard Frey**
zu nennen.

Das wichtigste Propagandainstrument
der „Neuen Rechten" sind Zeitungen und
Zeitschriften. Dabei müssen diese nicht
eindeutig rechtsextrem sein, wie die
„Nationalzeitung", sie können sich auch
einen jugendlichen und liberalen Anstrich
geben, wie die **„Junge Freiheit"**.
Außerdem sorgen über 30 Buchvertriebe,
die meist Verlagen, Zeitschriften oder
Organisationen angeschlossen sind,
für „Information".

Bekannte Verlage der Szene sind beispielsweise: der **Grabert- und Hohenrain-Verlag**
in Tübingen; **Verlag und Agentur Werner
Symanek**, die **Verlagsgemeinschaft Berg**
und einige andere. Über die Buchvertriebe
kommen auch die ausländischen revisionistischen Autoren nach Deutschland.

Ausländische, revisionistische Schriften:
Richard Harwood: „Starben wirklich
sechs Millionen? Endlich die Wahrheit";
Arthur R. Butz, Professor für Elektronik:
„Der Jahrhundertbetrug",
Franjo Tudjmann, der heutige Präsident
von Kroatien und selbsternannte Historiker,
hat in mehreren Schriften die Zahl der
serbischen Opfer im kroatischen KZ

Jasenovac und der jüdischen Opfer
der Shoa als zu hoch bezeichnet.
David Irving: er schrieb anerkannte Bücher
über den Zweiten Weltkrieg. In seiner
Hitlerbiographie „Führer und Reichskanzler Adolf Hitler 1933–1945" leugnet er
jedoch Hitlers Beteiligung am und Wissen
um den Holocaust. Irving ist auch nicht –
wie oft behauptet – Fachhistoriker oder
gar Professor in Oxford. Er schrieb das
Vorwort zur englischen Ausgabe des
Leuchter-Reports.
Paul Rassinier (Geographielehrer):
„Die Lüge des Odysseus". Rassinier,
der als Mitglied des französischen Widerstandes selbst in Buchenwald inhaftiert
war, gehört nicht zuletzt aus diesem Grund
zu den Klassikern (publiziert schon seit
1948) in neonationalistischen Kreisen.
Allerdings bemerkt man bei der Lektüre
schon weniger Seiten von Rassiniers Werk,
daß er denselben Wahnvorstellungen einer
zionistischen Weltverschwörung anhängt,
die sich auch in den Schriften und Reden
Hitlers und Göbbels finden lassen.
Robert Faurisson, ehemaliger Literatur-
professor an der Universität Lyon, ist einer
der von Holocaust-Leugnern meistzitierten
„Mitkämpfer".

Eines der Zentren der amerikanischen
Holocaust-Leugner ist das **„Institute for
Historical Review"** (IHR). Unter einem
pseudo-akademischen Deckmantel wird
hier seit Ende der 70er Jahre versucht,
die Geschichte des Nationalsozialismus
neu zu formulieren. Dazu gehört auch
die Leugnung des Holocaust. Publikations-
organ des IHR ist das **„Journal of Historical
Review"**. Im Sommer 1979 schrieb das
Institut einen Preis aus: 50.000 Dollar

sollte derjenige bekommen, der beweisen kann, daß die Nazis im Zweiten Weltkrieg Gaskammern zur Vernichtung von Juden eingesetzt haben. Wie „ernst" es dem Institut mit der Beweisführung war, zeigt der Umstand, daß eines der Jurymitglieder ausgerechnet Robert Faurisson war! [113]

Die Gruppe der Revisionisten ist nur einige Dutzend Personen stark, die aber durch emsigen Aktionismus den Eindruck erwecken wollen, sie seien eine ernstzunehmende historische Schule, obwohl keiner von ihnen Historiker ist.

Die bisher erwähnten Schriften enthalten, mit unterschiedlichen Schwerpunkten, vor allem die Lügen, die wir bereits weiter vorne behandelt haben.
Einen neuen Ansatz stellen der Leuchter- bzw. Remer-Report dar, auf die nun eingegangen werden soll. Die inhaltliche Widerlegung beschränkt sich auf die zentralen Aussagen des Leuchter-Reports, da der Remer-Report nahezu als reine Übersetzung seines amerikanischen Vorbildes betrachtet werden kann.

Lüge Nr. 46

» Der Leuchter- bzw. Remer-Report stellen fachlich kompetente und wissenschaftlich einwandfreie Gutachten dar. «

Bevor man auf die inhaltlichen Falschaussagen dieser „Untersuchungen" eingeht,
ist schon eine grundsätzliche Kritik möglich: Weder Leuchter, noch der für Remer tätige
Germar Rudolf, sind Fachleute für die von ihnen behandelte Thematik.
Fred A. Leuchter hat einen Magistergrad in Geschichte und ist Verkäufer für Hinrichtungs-
anlagen in amerikanischen Gefängnissen. In seinen Veröffentlichungen wird Leuchter immer
als Ingenieur vorgestellt. Rudolf ist Diplom-Chemiker in Stuttgart.
Leuchter hat trotz gegenteiliger Behauptungen keinerlei praktische Erfahrungen
mit Gaskammern. Von sechs amerikanischen Staaten, die ihn konsultiert haben sollen,
dementierten fünf. Nur für Maryland hat Leuchter einmal eine Entwurfszeichnung für
die Renovierung einer Gaskammer gemacht. Die Pläne kamen nie zur Ausführung,
weil Maryland beschloß, Todesstrafen mittels Spritzen zu vollziehen.

Wichtig ist weiterhin, daß beide Arbeiten keine neutralen Gutachten sind, sondern
mit dem Ziel in Auftrag gegeben wurden, angeklagte Revisionisten zu entlasten.
Im Falle des Leuchter-Reports gab der rechtsradikale Literaturwissenschaftler Robert Faurisson
den Auftrag, um seinem in Kanada angeklagten (und später auch verurteilten) Gesinnungs-
genossen Ernst Zündel zu Hilfe zu kommen. Zündel finanzierte dann auch die Reise des
„neutralen Gutachters". Leuchter selbst gab zudem im Kreuzverhör zu, weder die notwendige
wissenschaftliche Ausbildung zu haben, noch mehr als die von Faurisson empfohlene Literatur
für die Einarbeitung in das Thema benutzt zu haben. So maß das Gericht in Toronto dem
Leuchter-Gutachten auch keine Bedeutung zu. Es sei eine Unverschämtheit zu behaupten,
sagte der Richter, daß Leuchter mehr als nur flüchtig Bescheid wisse. Im Juni 1991 kam
Leuchter einem Gerichtsurteil wegen illegaler Ausübung des Ingenieurberufes bzw. wegen
illegalen Anbietens der Dienste in diesem Bereich durch eine freiwillig abgegebene Einver-
ständniserklärung zuvor, in der er zugab, „nie und nimmer" ein professioneller Ingenieur

gewesen zu sein. Er habe sich in verschiedenen Bundesstaaten fälschlicherweise als solcher ausgegeben und sich eigenmächtig die Berechtigung zuerkannt, als Fachmann für „Exekutions-technologie" aufzutreten und in diesem Zusammenhang Empfehlungen auszusprechen. Er versicherte, „damit aufzuhören und davon Abstand zu nehmen", sich als Ingenieur zu gebärden und wissenschaftliche Analysen herauszugeben, wie z.B. die über Auschwitz. [114]

Für den Remer-Report stellt Otto E. Remer – General der Wehrmacht und Beteiligter an den Verhaftungen der Männer des 20. Juli – Auftraggeber und Finanzquelle in einer Person dar. Auch was die investierte Arbeitszeit und die Gründlichkeit der Recherche vor Ort betrifft, verlassen beide Arbeiten jeden Boden seriöser Wissenschaft. Leuchter zum Beispiel benötigte ganze neun Tage, inklusive Hin- und Rückflug in die USA, für seine Exkursion. Vier Wochen verbrachte er damit, seinen 132seitigen Bericht zu verfassen, benutzte Pläne stammten aus Touristenprospekten, wichtige Dokumente der SS-Bauleitung waren Leuchter nicht bekannt etc. Wie die inhaltliche Erörterung belegt, hielten die Verfasser beider Berichte ein Aktenstudium vor Ort für nicht erforderlich.

Lüge Nr. 47

» Schon die Bauart der Gaskammern von Auschwitz entspricht nicht dem Stand der Technik, der damals schon möglich war (siehe USA), ergo handelt es sich auch um keine Tötungsanlagen. «

Georges Wellers, ein französischer Auschwitz-Überlebender, bemerkt in einer Stellungnahme zum Leuchter-Report über diese „Naivität" des amerikanischen „Experten" folgendes:

„Der brave Mr. Leuchter findet es demnach ‚merkwürdig', daß Höß 1941–42, also mitten im Krieg, nicht den Atlantik überquert hat, um von den Amerikanern zweckdienliche Hinweise darüber zu erbitten, wie sich Hunderttausende von Männern, Frauen und Kindern am effektivsten umbringen lassen. [...] Unter seinen Schlußfolgerungen finden sich viele überaus erstaunliche und unhaltbare Hinweise, aus denen immer wieder ersichtlich wird, daß dieser ‚Luxus-Henker' seine ‚Hilton-Gaskammer' mit den elenden Vergasungsschuppen von Auschwitz verwechselt hat." [115]

Es gab verschiedene Typen von Gaskammern, zum einen stationäre (ab Februar 1942, zuerst in Belzec), zum anderen mobil betriebene (LKW; vgl. „Lüge Nr. 36", S. 105). Zudem wurden unterschiedliche Gase verwendet: Kohlenmonoxyd (entweder aus Gasflaschen oder aus einem Dieselmotor) und Blausäure (Zyklon B). Auch die Nazis hatten anfänglich keinerlei Erfahrung mit Massentötungen dieses Ausmaßes. So verbesserten sie die Technik immer weiter: Vergaste man in Belzec noch in einer Holzbaracke mit drei Gaskammern, so gab es in Sobibor schon ein festes Ziegelgebäude mit Betonfundament. Die ersten hermetisch abschließbaren Gaskammern gab es in Treblinka. Eine weitere „Effizienz-steigerung" brachte der Einsatz von Zyklon B und die organisatorische Maßnahme der Kopplung von Gaskammern und Krematorien in Auschwitz Anfang 1943.

Es ging den Nazis in der Tat nicht um humane Technik, sondern es ging um Effizienz; da wo Technik nicht ausreichte, wurde auch erschossen und erhenkt. Das ist der Riesenunterschied zwischen dem von der Öffentlichkeit überwachten „humanen" (in diesem Vergleich gestatten wir uns dieses Wort) Vollzug der Todesstrafe in den USA heute und beispielsweise „dem SS-Oberscharführer Moll, Chef der ‚Sonderkommandos' von Birkenau, für den es kein Problem des Leidens bzw. der Brutalität gab, noch das Problem sentimentaler Journalisten, sondern der einzig und allein den Befehl hatte, eine maximale Anzahl von Menschen zu töten – ohne Anzeichen von Schwäche, ohne Pannen und ohne Skrupel." [116]

Lüge Nr. 48

»Es gab keine Vergasungen in Auschwitz, denn die Gaskammern von Auschwitz waren nicht beheizbar. Zyklon B zerfällt aber erst bei 26 Grad Celsius in einen gasförmigen Aggregatzustand.«

Es ist wohl wahr, daß die Gaskammern in amerikanischen Gefängnissen vorgeheizt werden müssen, wenn dort mit Cyangas (Zyklon B war ein Handelsname dafür) ein einzelner Mensch hingerichtet wird, denn Blausäure zerfällt tatsächlich erst bei 26 Grad Celsius zu Gas.
Natürlich hat aber Leuchter keine Heizmöglichkeit in Auschwitz gefunden.
Denn so etwas war dort auch nicht notwendig:

> „In Auschwitz pferchten die Nazis aber derartig viele Menschen in ihre Gaskammern, daß schon durch deren Körpertemperatur die notwendige Hitze erzielt wurde! Und aus eben diesem Grund - die hermetisch abgeschlossenen Räume waren überfüllt mit einer Menge nackter verängstigter, schreiender, um Luft ringender Menschen - wurde die infolge der Hitze schnell gasförmig gewordene Blausäure zum größten Teil mit der eingeatmeten Luft von den Körpern der Opfer aufgenommen." [117]

Giftgas Zyklon B.

Lüge Nr. 49

» Es gab keine Vergasungen in Auschwitz, denn eine Probe aus der Wandver- kleidung der Gaskammern enthielt nur noch geringe Mengen von Blausäure (Zyklon B). Bei einer massiven Nutzung der Gaskammern müßten die Rückstände aber um ein Vielfaches höher sein.«

Im Grunde hat hier Leuchter bewiesen, daß alle Zeugenaussagen über den Verlauf von Vergasungen in Ausschwitz richtig sind. Die Wirkung eines Atemgiftes besteht ja gerade in seiner Absorption durch den menschlichen Körper.

Die Atemfrequenz der Menschen in den Gaskammern von Auschwitz dürfte erheblich höher gewesen sein als die eines hinzurichtenden Delinquenten, der in einem US-Gefängnis auf einem Stuhl festgeschnallt den Tod erwartet; es wurde von ihnen daher wahrscheinlich auch mehr Blausäuregas aufgenommen.

„Vermutlich blieb nach dem Tod dieser Menschen gar keine große Menge an freiem Gas mehr übrig, das noch von der Wandverkleidung hätte absorbiert werden können. Die Nazis hatten es eben nicht nötig, aus ‚humanitären' Gründen, sicherheitshalber die elf- fache Menge der tödlichen Blausäuredosis einzusetzen, wie es in einem US-Gefängnis gängige Praxis ist! Von einer ihrer ersten Mordaktionen, die am 3. September 1941 im Kellergeschoß von Block 11 stattfand und 850 Menschen das Leben kostete, ist beispielsweise bezeugt, daß Rapportführer Gerhard Palitzsch, als er am Morgen des Folgetages, mit einer Gasmaske geschützt, die Zellentüren öffnete, noch mehrere Häftlinge am Leben fand. [...] Dadurch und durch den bereits erwähnten Umstand, daß auch diese Gaskammer von den Nazis in aller Brutalität bis zum äußersten mit Menschen vollgestopft wurde, ist es leicht erklärlich, wenn Leuchter 44 Jahre nach dem Massenmord wirklich nur noch geringe Cyanid-Rückstände in der Wandverkleidung hat finden können." [118]

Daß die Körper der Vergasungsopfer die Blausäure absorbierten, belegt eine weitere Studie. Im Magazin von Auschwitz wurden zum Zeitpunkt der Befreiung 293 Säcke mit Frauenhaar sichergestellt. Die Haare stammten von Frauen, die nach der Vergasung von Sonderkommandos geschoren worden sind. Das Gerichtsmedizinische Institut von Krakau entnahm eine Probe von 25,5 Kilogramm. Im Untersuchungsbericht vom 15.12.1945 wird bestätigt, daß sich selbst in diesen Haarproben Rückstände von Blausäure nachweisen lassen. [119]

Weil fast alles Gas von den Menschen aufgenommen wurde, brauchte man – wie für Privatwohnungen beim Einsatz von Blausäure in der Gebrauchsanweisung empfohlen wird – auch nicht 24 Stunden zu lüften, bevor man den Raum wieder betritt. Überdies, auch das hätte Leuchter anhand von Bauplänen feststellen können, hatte die besagte Gaskammer ein äußerst effizientes Be- und Entlüftungssystem, das einerseits dafür sorgte, daß sich das Blausäuregas, das leichter ist als Luft, nicht an der Decke sammelt, und andererseits eine schnelle Entlüftung möglich machte. So brauchte man nur eine halbe Stunde zu warten, so daß für den ganzen Tötungsprozeß nur eine Dreiviertelstunde benötigt wurde.

Die Nazis benutzte Zyklon B auch als Entlausungsmittel. Und erwartungsgemäß lassen sich in den Entlausungskammern viel höhere Rückstände an Blausäure feststellen, denn erstens war hier die notwendige Dosis 20mal höher (Blausäure ist für Menschen viel giftiger als für Insekten) und zweitens war hier das Gas 12 bis 18 Stunden mit den Wänden in Kontakt. Auch die gasdichte Türe, die Leuchter vermißte, war vorhanden, wie er in der Dokumentensammlung in Auschwitz hätte nachsehen können.

Aber darum haben sich weder Leuchter noch Remer gekümmert. Sie haben keinerlei Kontakt mit den Wissenschaftlern des Auschwitz-Museums oder mit anderen offziellen Behörden aufgenommen. Leuchter arbeitete vermutlich mit Touristenkarten und suchte Cyanidrückstände auch in Räumen, von denen niemand jemals behauptet hat, daß es Gaskammern waren (Leichenkeller 2), oder in Räumen, von denen er nicht wußte, daß sie nachträglich mit alten Materialien wieder aufgebaut worden waren.

Nur zu Recht sind solcherlei „Ergebnisse" von dem Gericht, für das sie anfertigt wurden, gar nicht erst zugelassen worden.

Lüge Nr. 50

» Die Massenvergasungen können gar nicht in dem Umfang stattgefunden haben, weil in die Gaskammer im Höchstfall 93 Menschen paßten.«

Zunächst sei erwähnt, daß sich in vielen revisionistischen Schriften und Verlautbarungen die Tendenz feststellen läßt, von der Gaskammer zu sprechen, um auf diese Weise den Eindruck zu erwecken, es habe „nur" **eine** Gaskammer in Auschwitz gegeben. (In diesem Zusammenhang werden oft Pläne des Stammlagers verwendet, in denen jener Keller eingezeichnet ist, in dem die erste Probevergasung stattfand.) Tatsache ist jedoch, daß sich allein in Auschwitz-Birkenau sechs Gaskammern und vier Krematorien befanden, von denen die meisten industriemäßig ausgelastet wurden. Weiterhin sei erwähnt, daß Leuchter pro Vergasungsopfer 0,8 Quadrat-meter berechnet, als hätten die Mörder ihre Opfer frei stehen lassen und nicht ohne jede Rücksicht zusammengepfercht. Wie Leuchter auf diese luxuriöse Zuteilung von Raum kommt, bleibt sein Geheimnis. Selbst bei Truppentransporten wurde einem Soldaten inklusive Gepäck nur 0,5 Quadratmeter zugestanden. In der „Betriebsanleitung" für die Benutzung der fahrbaren Gaskammern wird von einem Fassungsvermögen von 9-10 Menschen gesprochen. Die Opfer wurden gezwungen, mit erhobenen Armen einzutreten, damit möglichst viele Menschen Platz hatten. Säuglinge und Kleinkinder wurden auf die Menschenmassen geworfen. Bei der Ankunft des Zuges hatten die Menschen von der Öffnung der Türen an bis auf einige Ausnahmen noch zwei Stunden zu leben. In der Tat waren aber die Vergasungen gar nicht das Problem. In der Zeit der „höchsten Auslastung" (der Ermordung der ungarischen Juden) im Mai und Juni 1944 wurden täglich fast 10.000 Menschen vergast. Die theoretische Tages-leistung der Krematorien, die aber wegen Störungen fast nie erreicht wurde, betrug etwas über 4.400 Leichen. Leuchter errechnete die Kapazität von 156 Personen. Selbst ein Dokument des SS-Bauleiters von Auschwitz spricht von 4.756 Leichen innerhalb von 24 Stunden. Das ist eine Jahreskapazität von weit über 1,5 Millionen. Für was wurde diese Kapazität gebraucht, wenn nicht für Massenmord! Man ging deshalb zu einer primitiveren aber wesentlich effizienteren Methode über. Die Leichen wurden in 1 oder 2 Gruben (über 35 m lang, 7 m breit und 2 m tief) verbrannt (siehe das heimlich aufgenommene Foto, „Lüge Nr. 51", S. 144).

Lüge Nr. 51

> »Das heimlich von einem Häftling aufgenommene Foto, welches eine Leichenverbrennung in Auschwitz dokumentiert, ist eine Fälschung. Das Gelände des KZ Auschwitz ist viel zu sumpfig, als daß dort ein Scheiterhaufen hätte entfacht werden können.«

Dieses Foto zeigt eine Leichenverbrennung in Auschwitz-Birkenau am Krematorium V. Es wurde heimlich von einem Häftling aufgenommen. (Ausschnitt)

Diese Lüge zeigt, auf welches Niveau sich die „Experten" herablassen. Insbesondere der Remer-Report dokumentiert mit mehreren Fotos den hohen Grundwasserspiegel des Lagergeländes. Dabei verschweigen die Autoren ihren Lesern, daß zu Lagerzeiten das Gelände durch ein von Häftlingen geschaffenes Drainagesystem trockengelegt worden ist. Das Wasser wurde in die Weichsel abgeleitet.

Deutsche Bevölkerung

1. Argumentationslinie:

»Das Volk wurde zum Gehorsam gezwungen.«

2. Argumentationslinie:

»Das Volk war unwissendes und getäuschtes Opfer.«

Viele, nicht nur revisionistische Kreise, geben sich große Mühe, die deutsche Bevölkerung von den Verbrechen der Naziherrschaft zu entlasten.
In einschlägigen Zirkeln, erkenntlich z.B. in Flugblättern der NPD, wird diese Strategie vor allem zur Abstützung revanchistischer, territorialer Forderungen genutzt. Wenn die deutsche Bevölkerung keine Schuld an den Verbrechen der Nazis trägt, so die Logik der Neonazis, dann sind die Gebietsverluste Deutschlands nicht zu rechtfertigen und müssen rückgängig gemacht werden.

Es lassen sich hier zwei Hauptlinien der Argumentation ausmachen.
Die erste Argumentationslinie zeichnet das Bild einer deutschen Bevölkerung, die weder Schuld am Aufstieg, noch an den Verbrechen der Nationalsozialisten trägt. Die Weimarer Republik, nicht das deutsche Volk, habe Hitler an die Macht gebracht. Später sei es in einem totalen Überwachungsstaat unmöglich gewesen, gegen die Verfolgung und Kriegsführung zu protestieren.

Die zweite Argumentationslinie bemüht sich darum, die deutsche Bevölkerung als unwissendes und getäuschtes Opfer darzustellen.

Diese Rechtfertigungsversuche sind deutlich von einer wissenschaftlichen Diskussion zu trennen, die intensiv darum bemüht ist, auf unterschiedlichen Ebenen das Maß an Schuld, Mitschuld und Unschuld auszuloten, um vielleicht für die Zukunft zu lernen.

Lüge Nr. 52 »Das Volk wurde zum Gehorsam gezwungen.«

»Am Ende der Weimarer Republik hatte man nur noch die Wahl zwischen Kommunismus und Nationalsozialismus.«

In den letzten freien Wahlen hatte neben der NSDAP (196 Reichstagssitze) und den Kommunisten (100 Sitze) auch die SPD 121 Sitze errungen. Diese Zahlen sollten bedacht sein, wenn davon gesprochen wird, daß nur noch die Wahl zwischen Radikalen bestanden hätte. Daß die SPD, nach zehnmaliger Regierungsbeteiligung, eine Alternative darstellte, kann wohl kaum bestritten werden.

Lüge Nr. 53 »Das Volk wurde zum Gehorsam gezwungen.«

»Bei 6 Millionen Arbeitslosen ist es nur natürlich, wenn ein Volk zu einer radikalen Partei tendiert.«

Deutschland war nicht das einzige Land, das unter der Weltwirtschaftskrise litt. Auch in England, den USA und anderen Ländern gab es Millionen von Arbeitslosen, und trotz der schlechten wirtschaftlichen Situation kam es dort nicht zum Zusammenbruch der Demokratie.

| Lüge Nr. 54 | »Das Volk wurde zum Gehorsam gezwungen.« |

»Die NSDAP hat in Deutschland die öffentliche Ordnung wieder hergestellt. Zuvor hat der Terror der Straße jedes Zusammenleben unmöglich gemacht.«

Die Boshaftigkeit der Verbreiter dieser Lüge und die Naivität derer, die ihnen glauben, ist immer wieder erschreckend. Auch Menschen, die eigentlich keinem faschistischen Gedankengut anhängen, unterstützen diese Lüge oftmals in etwas abgeschwächter Form. Immer wieder fällt z.B. die Äußerung: „Meine Oma sagt, es war auch nicht alles schlecht unter den Nazis, zumindest konnte man nach 1933 wieder sicher über die Straße gehen."

Empfohlen seien hier einige Gegenfragen:
1) „Warum konnte deine Großmutter vor 1933 nicht sicher über die Straße gehen?"
Man sollte auch darauf hinweisen, daß der Anteil rechtsradikaler Kreise am Terror der Weimarer Republik höher gewesen ist als jener linksradikaler Gruppen, auch wenn letztere in der Regel härter bestraft wurden.
2) „Wie lange konnte deine Großmutter sicher über die Straße gehen? Wie lange hat es gedauert, bis Hitler Deutschland so tief in seinen Krieg gestürzt hatte, daß die ersten Bomben auch auf deutsche Städte fielen?"
3) „Warum konnte deine Großmutter nach 1933 sicher über die Straße gehen.
Wäre sie Jüdin, Sozialdemokratin, Kommunistin, Behinderte, nichtdeutsche Europäerin, Homosexuelle, Gewerkschafterin, Obdachlose oder Künstlerin gewesen, hätte sie dann auch von dieser Sicherheit zu berichten?"

Diese Gegenfragen spüren den gefährlichen logischen Voraussetzungen nach, auf denen diese Lüge beruht: Terror wird nicht mehr als solcher empfunden, solange er durch staatliche Stellen gelenkt wird. Der eigentliche Hintergrund dieser Argumentation ist die Furcht vor einem individuellen und damit schlecht berechenbaren Terror. Sobald der Terror aber staatlich organisiert und damit berechenbar geworden ist, scheint die Welt wieder in Ordnung. Die Leute, die sich nicht anpassen wollen oder können, sind halt selbst schuld, wenn ihnen etwas passiert. Die moralische Bewertung richtet sich somit nur noch nach der Form, nicht aber nach dem Inhalt eines Verbrechens.

Dabei stimmt nicht einmal die Behauptung, daß die Kriminalität gegen Null tendierte. Tatsächlich ging die Zahl der rechtskräftigen Urteile nach der Machtergreifung zurück, gegen Null tendierte sie jedoch niemals. Obwohl sich allein die Zahl der Delikte, die mit Todesstrafe geahndet wurden, zwischen 1932 und 1944 von drei auf 44 erhöhte, scheint die Abschreckung nicht perfekt gewesen zu sein.
Allein 1935 gab es 431.426 Verurteilungen. 1937 waren es 438.493, davon 410 wegen Mordes, 2.238 wegen fahrlässiger Tötung, 26.977 wegen Körperverletzungen und 12.123 wegen schweren Diebstahls. [120]
In keiner Statistik wurden jedoch die staatlich gelenkten Verbrechen geführt.
Zum Beispiel wurde kein einziges der in der sogenannten „Reichskristallnacht" begangenen Verbrechen rechtskräftig verurteilt.

Ein Terroropfer, das bei der Polizei Zuflucht gesucht hatte, wird mit einem Plakat „Ich werde mich nie wieder bei der Polizei beklagen" 1933 durch die Straßen geführt.

Lüge Nr. 55 »Das Volk wurde zum Gehorsam gezwungen.«

» Die deutsche Bevölkerung
wußte nicht, auf wen
sie sich da einläßt.
Sie konnte nicht wissen,
daß Hitler den Krieg,
die Diktatur und die
Vernichtung der Juden
wollte. «

Kein seriöser Historiker wird behaupten, daß das deutsche Volk völlig ahnungslos
in die nationalsozialistische Herrschaft hineingerutscht ist.
Die folgenden Quellen beschränken sich bewußt auf einen Teilaspekt, nämlich auf die Frage,
ob das deutsche Volk wirklich im Stande einer „naiven Unschuld" lebte.
Man kann nicht die Augen davor verschließen, daß es während der Weimarer Republik
zahlreiche warnende Stimmen gegeben hat. Die SPD z.B. verwendete bei vielen Wahlkämpfen

„Vorwärts"-Titelseite vom 7. August 1932.

(etwa den in den Jahren 1924, 1930 und 1932) Plakate und Schlagzeilen, die vor der innen- und außenpolitische Aggressivität der Hitlerpolitik warnen sollten.
Hitler war auch Anfang der 30er Jahre nicht etwa irgendein unbekannter Politiker.
Wer Hitler wählte, der wählte einen Mann, von dem bekannt war, daß er schon 1923 versucht hatte, die Republik gewaltsam zu beenden. Zudem gaben Hitler und seine Partei offen Einblick in ihre Ziele. Das während Hitlers Festungshaft entstandene Buch „Mein Kampf" war frei erhältlich und wurde nach 1933 zu jeder Eheschließung überreicht. (Siehe Zitate aus „Mein Kampf" in „Lüge Nr. 1", S. 13.)
In den Zwanziger Jahren warben die Nationalsozialisten beispielsweise mit folgenden Forderungen um neue Mitglieder: „Den Galgen für Wucherer, Ausbeuter, Schieber" und „Kampf gegen Judentum und Demokratie".

Dafür, daß die Deutschen durchaus um die geplante Judenpolitik Hitlers wußten und damit einverstanden waren (wenn auch vielleicht nicht bis zur letzten Konsequenz), spricht auch, daß es kaum Proteste gegen den Antisemitismus gab. Die Bevölkerung schien solange mit den Angriffen auf die Juden einverstanden gewesen zu sein, wie diese weder die Interessen der nichtjüdischen Bevölkerung beeinträchtigten (Versorgung, Arbeitslosigkeit wegen jüdischer Firmenbesitzer, Tourismus), noch die Interessen des Landes verletzten, besonders dessen Ansehen im Ausland – man befürchtete wirtschaftliche Konsequenzen. [121]

Schon in „Mein Kampf" hat Hitler den Aufbau des nationalsozialistischen Staates beschrieben:

> „Der völkische Staat hat, angefangen bei der Gemeinde bis hinauf zur Leitung des Reiches, keinen Vertretungskörper, der etwas durch Majorität beschließt, sondern nur Beratungskörper, die dem jeweilig gewählten Führer zur Seite stehen und von ihm in die Arbeit eingeteilt werden, um nach Bedarf selber auf gewissen Gebieten unbedingte Verantwortung zu übernehmen, genau so, wie sie im größeren der Führer oder Vorsitzende der jeweiligen Korporation selbst besitzt." [122]

Hitler selbst hat seine antidemokratische Haltung auch vor der Machtübernahme unmißverständlich erklärt. In einer Rede am 25.9.1930 in München (die Rede wurde einen Tag später von der Frankfurter Zeitung veröffentlicht) sagt er u.a.:

> „Wenn wir heute unter unseren verschiedenen Waffen von der Waffe des Parlamentarismus Gebrauch machen, so heißt das nicht, daß parlamentarische Parteien nur für parlamentarische Zwecke da sind. Für uns ist ein Parlament nicht ein Selbstzweck, sondern ein Mittel zum Zweck ... Im Prinzip sind wir keine parlamentarische Partei, denn damit stünden wir im Widerspruch zu unserer ganzen Auffassung; wir sind nur zwangsweise eine parlamentarische Partei, und was uns zwingt ist die Verfassung. Die Verfassung zwingt uns, solche Mittel anzuwenden ... Und so

ist der Sieg, den wir gerade errungen haben, nichts anderes als der Gewinn einer neuen Waffe für unsern Kampf. Wir kämpfen nicht um Parlamentsitze der Parlamentsitze willen, sondern um eines Tages das deutsche Volk befreien zu können." (123)

Joseph Goebbels bemerkte 1934, also nach der Machtübernahme:

„Wir Nationalsozialisten haben aber niemals behauptet, daß wir Vertreter eines demokratischen Standpunktes seien, sondern wir haben offen erklärt, daß wir uns der demokratischen Mittel nur bedienen, um die Macht zu gewinnen, und daß wir nach der Machteroberung unseren Gegnern rücksichtslos alle Mittel versagen würden, die man uns in Zeiten der Opposition zugebilligt hatte." (124)

Primo Levi schreibt zu diesem Thema:

„Dieser verhängnisvolle Mann war kein Verräter. Er war ein Fanatiker, der sich selbst treu blieb, ein Mann mit außerordentlich klaren Vorstellungen, er hat sie nie geändert, noch hat er sie je verheimlicht. Wer für ihn stimmte, hat mit Sicherheit auch für seine Ideen gestimmt." (125)

Jüdische Männer aus Regensburg werden 1938 ins KZ Dachau abgeführt.

Lüge Nr. 56 »Das Volk wurde zum Gehorsam gezwungen.«

» Sicher gab es auch Negatives, aber das deutsche Volk stand während der NS-Herrschaft in einer noch nie dagewesenen Volksgemeinschaft und Solidarität zusammen.«

Mit dieser Lüge soll – psychologisch verständlich – der traurigen Realität
des „1000jährigen Reiches" wenigstens noch etwas Gutes abgewonnen werden.
So wird dem oft beklagten Egoismus und der Vereinzelung in unserer heutigen Gesellschaft
das Ideal einer im Guten wie im Schlechten zusammenstehenden Volksgemeinschaft entgegengehalten. Aber: zum einen definierte sich diese Volksgemeinschaft ganz wesentlich über
ein rassistisches Feindbild, über die Ausgrenzung und Verfolgung politisch und „rassisch"
Andersartiger, durch die Zerschlagung von demokratischen Parteien, Gewerkschaften,
Jugendorganisationen und kulturellen Vereinigungen.

Und zum anderen: Auch innerhalb der noch verbleibenden „arischen Deutschen" sah es
mit der Gemeinschaft nicht so überzeugend aus, wie sich das die Nationalsozialisten wünschten.
Bereits ein Jahr nach der Machtergreifung begann die Bevölkerung, äußerst vorsichtig die
ständige Mobilisierung der Massen zu kritisieren; es gäbe zu viele festliche und politische
Veranstaltungen und zu viele Sammlungen.

„Der Hauptgrund für die Apathie der Bevölkerung lag in der benebelnden Wirkung der
Überfülle an Propaganda." [126] Zwar war Hitlers Popularität ungebrochen, genauso wie
die religiöse Gläubigkeit an ihn und seine Führerrolle, aber die Nazis schafften es nicht,
eine ergebene rassische Gemeinschaft zu mobilisieren. Immer wieder halfen Propaganda-
coups (Saarwahl, Remilitarisierung des Ruhrgebietes, Olympiade und nicht zuletzt die
Reichspogromnacht), an die nationalen Instinkte zu appellieren, aber richtigen Elan brachte
man nicht in die Bevölkerung.

Ab 1936 aufkommende Kriegsangst verstärkte den Fatalismus nur.

> „Das System hat soziale und kulturelle Wertmaßstäbe zerbrechen
> können und eine gewisse Atomisierung der Gesellschaft erreicht.
> Es gelang ihm, Individuen auszugrenzen, aber es konnte die
> Leute weder durch Zwangsorganisation noch durch Indoktrination
> für die Ideale der Nationalsozialisten gewinnen." [127]

Wenn sich die Nazis so sicher gewesen wären, hätten sie kaum ein Gesetz zum
„deutschen Volksempfinden" gebraucht, das alles unter Strafe stellte, was den Nazis an
Empfindungen nicht gefiel. Auch unter Volksgenossen herrschte oftmals ein Klima der
Angst und des Mißtrauens. Blockwarte waren die Herrscher über die Nachbarschaft.
Die Mehrzahl der Gestapo-Aktivitäten gingen auf Denunziationen zurück, in einem solchen
Ausmaße, daß manchmal selbst die Gestapo Anzeigen als unbegründet zurückwies.
Die Deutschen entsprachen nie dem Propagandabild einer einheitlichen, fanatischen
nationalen Gemeinschaft, sie waren mit dem System jedoch weitgehend zufrieden und
kümmerten sich ansonsten nicht um Politik.

Aber Hitler hatte schon 1923 in einer Rede erklärt: „Es gibt zwei Dinge, die die
Menschen vereinigen können: gemeinsame Ideale und gemeinsame Kriminalität." [128]
Wenn die Nazis es schon nicht schafften, das Volk aktiv hinter ihre Ideale zu scharen —
mit dem gemeinsamen Verbrechen schafften sie es. Mit geschickt lancierten Andeutungen
über die „Sache mit den Juden" verbanden sie die deutsche Volksgemeinschaft wenigstens in
den letzten Kriegsjahren zu einer festen Einheit: der kräftig geschürten Angst vor Vergeltung,
der Rache für die von Deutschen begangenen Verbrechen.
Göring erklärte in seiner Rede vom 4.10.1942, daß die Eroberung des Ostens und neuer
Nahrungsmittelquellen nur um den Preis äußerster Rücksichtslosigkeit zu haben war.
Und dann weiter:

> „Wird der Krieg verloren, dann bist du vernichtet. [...] Der
> Jude ist hinter allem, und er ist es, der uns den Kampf auf Leben
> und Tod angesagt hat. Und darin mag sich keiner täuschen und
> glauben, er könne nachher ankommen und sagen: ‚Ich bin immer ein
> guter Demokrat unter diesen gemeinen Nazis gewesen'. Er wird
> den einen wie den anderen behandeln. Denn seine Rachsucht
> gilt dem deutschen Volk. Keine Spaltung, kein Mißtrauen darf
> aufkommen." [129]

Lüge Nr. 57 »Das Volk wurde zum Gehorsam gezwungen.«

»Nach der Machtergreifung war es zu spät. Der totale Überwachungsstaat machte jeden Protest unmöglich.«

Auch in diesem Fall lohnt es sich, auf den logischen Zusammenhang dieser Lüge zu achten. Während auf anderer Ebene große Anstrengungen unternommen werden, um den national-sozialistischen Terror zu relativieren, wird hier, ungeachtet der Widersprüchlichkeit, der angeblich allgegenwärtige Terror als Entschuldigung genutzt.

Es bleibt zu bemerken, daß der Terror der Gestapo gegen die als arisch anerkannte Bevölkerung weit überschätzt wird. Verglichen mit den ehemaligen Organisationen der Politischen Polizei des Ostblocks ist zu erkennen, daß die Gestapo oder der SD niemals diese Dichte an Personal und Überwachung erreicht hat. Die Zentrale im Rheinland war gerade mit 120 Verwaltungsbeamten besetzt, eine Anzahl die z.B. gegen die Organisationsdichte der Staatssicherheit in der DDR eine verschwindende Größe ausmacht. [130]

Natürlich war eine öffentliche Revolte gegen die Nazis für einzelne kaum möglich, Organisationen gab es keine mehr. Dennoch wuden einige Möglichkeiten des allgemeinen Protestes genutzt, z.B. in der alltäglichen Hilfe für Juden, etwa mit Essensmarken, durch heimliche Besuche o.a. Es war durchaus bis zur endgültigen Schließung der jüdischen Geschäfte möglich, dort noch einzukaufen. Der Terror nach innen wurde allerdings um so größer, je mehr Niederlagen im Krieg eingesteckt wurden.

Die größten und damit traurigsten „Leistungen" an organisierter Verfolgung und Terror haben die Nazis nicht gegenüber der „arischen" Bevölkerung, sondern gegenüber Juden und den Völkern besetzter Länder vollbracht.

Was die Behauptung der Unmöglichkeit des Protestes betrifft, so wird bewußt oder unbewußt ausgeblendet, daß eines der nationalsozialistischen Verbrechen durch den Protest breiter Schichten zumindest offiziell beendet wurde: die Euthanasie. Der Protest ging sogar soweit, daß einzelne Bischöfe Mordanzeige erstatteten.

Bliebe noch die Frage zu klären, ob denn überhaupt ein Protest da war, der zu unterdrücken gewesen wäre. Nach allen Quellen, die heute vorliegen, scheinen Proteste die allerseltenste

Ausnahme gewesen zu sein. Wenn, dann bezogen sie sich auf die Sorgen des Alltags, der Versorgung, der Vorteilsnahme von örtlichen NS-Funktionären etc. Was die Menschen an der Judenverfolgung irritierte, waren der unberechenbare Straßenterror der SA und „unnötige" Grausamkeiten. Deswegen wurden die Nürnberger Rassegesetze auch fast einhellig begrüßt, weil nun eine „legale Basis" für das Verhältnis zwischen Deutschen und Juden vorhanden war. Im großen und ganzen war man sich mit den Nazis einig, daß die Juden aus dem öffentlichen Leben Deutschlands zu verschwinden hätten. Und wenn sie nicht auswanderten, wurden sie eben umgesiedelt. An aktiven Maßnahmen gegen die Juden beteiligte man sich jedoch eher nicht. Der Historiker Hans Mommsen schätzt, daß etwa ein Fünftel der Bevölkerung „extreme Antisemiten" waren. Und David Bankier schreibt:

„Die Mehrzahl reagierte nicht in Opposition zum eigentlichen Antisemitismus, sondern zum Terror. [...] Die Politik der Deportationen und der Massenmorde konnte vonstatten gehen, weil die Öffentlichkeit kein Empfinden mit dem Schicksal der Juden zeigte. Ja, es ist wahr: Während der Kriegszeit blieben die, welche eine andere Meinung vertraten, wegen der Angst vor dem Staatsterror rein passiv [...] Aber es ist ebenso wahr, daß bei den meisten Deutschen, wegen ihrer ‚traditionell' anti-semitischen Haltung, aus der heraus sie die Judenverfolgung nicht prinzipiell ablehnten, die Widerstandskraft gegen die Maschinerie des Völkermords sehr gering gewesen ist." [131]

Der „Widerstand" drückte sich allein darin aus, daß sich die Menschen Nischen suchten, in denen sie sich des Völkermords möglichst wenig bewußt zu werden brauchten, in denen sie möglichst wenig wissen wollten, um Schuldgefühlen und Verantwortlichkeit aus dem Weg zu gehen. Nazis und die Mehrheit der deutschen Bevölkerung verband von Anfang an die Anerkenntnis, daß es ein Judenproblem gab, das es zu lösen galt. Das allein hat schon den Weg zum Holocaust geöffnet.

Es wird sicher nie eine befriedigende Antwort auf die Frage geben, was geschehen wäre, wenn die deutsche Bevölkerung und die deutschen Kirchen dem Abtransport der Juden einen mutigen Protest entgegengestellt hätten. Dies sollte jedoch nicht dazu führen, daß die Debatte darüber nicht geführt wird.

»Das Volk war unwissendes und getäuschtes Opfer.«

Einleitend zu diesem Komplex sollen hier beispielhaft Aussagen aus einem Soldatenbrief wiedergegeben werden, in dem der Heimat – sicherlich kein Einzelfall – von der Ostfront berichtet wird. Aus ihm haben die Empfänger eindeutige Informationen sowohl über den Holocaust, als auch über die Lage der Kriegsgefangenen und der Zivilbevölkerung entnehmen können.

„18.7.1942 Samstag

Zahlm d.R.H.K.

H.K.P.610 (Brest/Bug)

FPN 37634

[...] In Bereza-Kartuska, wo ich Mittagsstation machte, hatte man gerade am Tage vorher etwa 1.300 Juden erschossen. Sie wurden zu einer Kuhle außerhalb des Ortes gebracht. Männer, Frauen und Kinder mußten sich dort völlig ausziehen und wurden durch Genickschuß erledigt. Die Kleider wurden desinfiziert und wieder verwendet.

Ich bin überzeugt: Wenn der Krieg noch länger dauert, wird man die Juden auch noch zu Wurst verarbeiten und den russischen Kriegsgefangenen oder den gelernten jüdischen Arbeitern vorsetzen müssen. [...]" [132]

Lüge Nr. 58 »Das Volk war unwissendes und getäuschtes Opfer.«

»Die deutsche Bevölkerung wußte nichts vom Euthanasieprogramm.«

Zunächst sollte darauf verwiesen werden, daß auch die „T4"-Aktion (benannt nach der Tiergartenstr. Nr 4, von wo aus das Euthanasieprogramm organisiert wurde) eine der Allgemeinheit bekannte Vorgeschichte hatte. Das Gesetz zur Verhütung erbkranken Nachwuchs (siehe „Lüge Nr. 29 u. 30", S. 87 und 90) vom 14.7.1933 war ebenso öffentlich wie die Ausstellung „Das Wunder des Lebens", in der u.a. dieses Plakat hing.

Propaganda-Plakat „So würde es enden".

Im September 1933 wurde „Rassenkunde" in deutschen Schulen zum Pflichtfach. Die Schulbücher sprachen u.a. von der Gefahr der „Rassenmischung" und enthielten Kostenrechnungen über die Versorgung behinderter Menschen, um zu belegen, daß sie den „Gesunden" etwas wegnehmen würden. (133)

Nach Beginn der „T4"-Aktion sind die Opfer einer Untersuchung unterzogen und aus den Familien genommen worden. Die Behinderten wurden in großer Zahl abtransportiert. Todesmeldungen an die Angehörigen enthüllten oftmals mehr als sie verbargen.
So wurde z.B. als Todesursache Blinddarmentzündung vermerkt bei einem Patienten, der gar keinen Blinddarm mehr besaß.
Der Rauch des Krematoriums der Anstalt Hadamar war über Kilometer zu sehen.
Die Predigt des katholischen Bischofs von Galen vom 3.8.1941 soll hier als weiteres Beispiel für eine Informationsquelle dienen (Auszug):

> „Seit einigen Monaten hören wir Berichte, daß aus Heil- und Pflegeanstalten für Geisteskranke auf Anordnung von Berlin Pfleglinge, die schon länger krank sind und vielleicht unheilbar erscheinen, zwangsweise abgeführt werden. Regelmäßig erhalten dann die Angehörigen nach kurzer Zeit die Mitteilung, der Kranke sei verstorben, die Leiche sei verbrannt, die Asche könne abgeliefert werden. Allgemein herrscht der an Sicherheit grenzende Verdacht, daß die zahlreichen Todesfälle von Geisteskranken nicht von selbst eintreten, sondern absichtlich herbeigeführt werden, daß man dabei jener Lehre folgt, die behauptet, man dürfe sogar ‚lebensunwertes Leben' vernichten, also unschuldige Menschen töten, wenn man meint, ihr Leben sei für Volk und Staat nichts mehr wert. Eine furchtbare Lehre, die die Ermordung Unschuldiger rechtfertigen will, die die gewaltsame Tötung der nicht mehr arbeitsfähigen Invaliden, Krüppel, unheilbar Kranken, Altersschwachen grundsätzlich freigibt. [...]
>
> Deutsche Männer und Frauen! Noch hat Gesetzkraft der § 211 des RStGB, der bestimmt: ‚Wer vorsätzlich einen Menschen tötet, wird, wenn er die Tat mit Überlegung ausgeführt hat, wegen Mordes mit dem Tode bestraft.'" [134]

Lüge Nr. 59 »Das Volk war unwissendes und getäuschtes Opfer.«

»Die deutsche Bevölkerung wußte nichts vom Holocaust.«

Was die Frage nach dem Ausmaß des Wissens in den einzelnen Schichten der deutschen Bevölkerung betrifft, so sei hier noch einmal auf detaillierte Untersuchungen der Fachhistoriker verwiesen (siehe dazu Literaturvorschläge, S. 177 ff.). Eines aber ist völlig unstrittig: Es war möglich, etwas vom Holocaust zu wissen. Wer wissen wollte, konnte wissen. Wesentlich ist es, das Wissen um den Holocaust nicht auf Informationen über die Existenz und Funktion der KZs zu reduzieren. Die Diskriminierung und Verfolgung jüdischer Menschen war eine im Alltag unübersehbare Tatsache, in deren Eigendynamik und ständiger Verschärfung die Entwicklung zum Holocaust bereits angelegt war.

Die planmäßige Verfolgung der Juden begann also nicht erst mit der „Endlösung", also 1941, zu einem Zeitpunkt, wo die deutsche Bevölkerung von eigenen Kriegssorgen überlastet war. Neben den schon erwähnten schriftlichen und mündlichen Äußerungen Hitlers (siehe „Lüge Nr. 1", S. 13) machte die deutsche Bevölkerung schon ab 1933 eindeutige Erfahrungen mit einer Entwicklung, die direkt den Holocaust vorbereitete.

Plakat des Aktionskomitees der Berliner NSDAP.

Unmittelbar nach der Machtergreifung begannen die Nationalsozialisten damit, jüdische Mitmenschen zu diskriminieren und aus dem öffentlichen Leben zu drängen. Hierzu gehörte der gesetzliche Ausschluß aus dem Berufsbeamtentum (7.4.1933) und die Beschränkung des freien Zugangs zu Schulen und Hochschulen (25.4.1933). Gleichzeitig riefen Partei und Staat zum Boykott jüdischer Geschäfte auf und gingen gewalttätig gegen Juden und auch zum Teil gegen Mitbürger vor, die sich mit diesen solidarisierten.

All dies waren Aktionen, die darauf angelegt waren, von einer möglichst breiten Öffentlichkeit wahrgenommen zu werden. Vorläufiger Höhepunkt und Legalisierung dieser Entwicklung stellten die Nürnberger Gesetze vom 15.9.1935 dar. Mit dem „Reichsbürgergesetz" wurde den Juden das Deutschtum aberkannt. Sie wurden „Staatsbürger" minderer Klasse. Im „Gesetz zum Schutz des deutschen Blutes und der deutschen Ehre" heißt es dort unter anderem:

„§ 1.1. Eheschließungen zwischen Juden und Staatsangehörigen deutschen oder artverwandten Blutes sind verboten. [...]
§ 5.1. Wer dem Verbot des § 1 zuwiderhandelt, wird mit Zuchthaus bestraft." [135]

Später sollte für dieses „Vergehen" namens „Rassenschande" auch die Todesstrafe verhängt werden.
Mit der „Reichskristallnacht" vom 9.11.1938 wurde zudem die Grenze zwischen Mitwisser- und Mittäterschaft fließend. Der reichsweite Pogrom stellt ein Zusammenwirken von spontanem, irrationalem Haß und staatlicher Lenkung dar.
Spätestens seit dieser Nacht konnte am Ziel der nationalsozialistischen Judenpolitik kein Zweifel mehr bestehen.

„Schon der Pogrom selbst hatte das deutlich gemacht. Sein signifikantestes und auf die künftige Dimension der nationalsozialistischen Judenverfolgung verweisendes Merkmal war ja nicht die Zerstörung jüdischer Geschäfte und Wohnungen, nicht einmal das brandstifterische Wüten gegen die jüdischen Synagogen, sondern die Tatsache, daß 91 Juden, darunter auch Frauen, unter den Stöcken, den Stiefeln und den Kugeln von Mordkommandos der NS-Bewegung den Tod gefunden hatten und daß die Täter weder wegen Totschlags noch gar wegen Mordes vor Gericht gestellt wurden." [136]

Die stete Zunahme von Gewalt gegen Juden hätte nicht nur Warnsignal sein müssen, sondern verriet sehr deutlich, daß die Bewegung sich selbst in ihrer Grausamkeit keine Grenzen setzte. Über das gewaltige Ausmaß der Zerstörung und der Menschenrechtsverletzungen während der „Kristallnacht" geben die Berichte von NSDAP-Brigadeführern deutlich Auskunft. So meldete der Führer der Brigade 50 (Starkenburg) stolz den „Erfolg" seiner Einheiten an seine Vorgesetzten:

„An
SA-Gruppe Kurpfalz
Mannheim.
(Bei Antwortschreiben Datum und Briefbuchnummer angeben.)

Am 10.11.1938 3 Uhr erreichte mich folgender Befehl:
‚Auf Befehl des Gruppenführers sind sofort innerhalb der Brigade
50 sämtliche jüdischen Synagogen zu sprengen oder in Brand zu
setzen.
Nebenhäuser, die von arischer Bevölkerung bewohnt werden, dürfen
nicht beschädigt werden. Die Aktion ist in Zivil auszuführen.
Meutereien und Plünderungen sind zu unterbinden. Vollzugsmeldung
bis 8.30 Uhr an Brigadeführung oder Dienststelle.'
Die Standartenführer wurden von mir sofort alarmiert und genaustens
instruiert, und mit dem Vollzug sofort begonnen.
Ich melde hiermit, es wurde zerstört im Bereich der

Standarte 115

1. Synagoge in Darmstadt, Bleichstraße	durch Brand zerstört	
2. Synagoge in Darmstadt, Fuchsstraße	durch Brand zerstört	
3. Synagoge in O./Ramstadt	Innenraum u. Einrichtung zertrümmert	
4. Synagoge in Gräfenhausen	-"-	
5. Synagoge in Griesheim	-"-	
6. Synagoge in Pfungstadt	-"-	
7. Synagoge in Eberstadt	durch Brand zerstört	

Standarte 145

1. Synagoge in Bensheim	durch Brand zerstört
2. Synagoge in Lorsch in Hessen	durch Brand zerstört
3. Synagoge in Heppenheim	durch Brand u. Sprengung zerstört
4. Synagoge in Birkenau	durch Brand zerstört
5. Gebetshaus in Alsbach	durch Brand zerstört
6. Versammlungsraum in Alsbach	durch Brand zerstört
7. Synagoge in Rimbach	Inneneinrichtung vollständig zerstört

Standarte 168

1. Synagoge in Seligenstadt	durch Brand zerstört
2. Synagoge in Offenbach	durch Brand zerstört
3. Synagoge in Klein-Krotzenburg	durch Brand zerstört
4. Synagoge in Steinheim a. M.	durch Brand zerstört
5. Synagoge in Mühlheim a. M.	durch Brand zerstört
6. Synagoge in Sprendlingen	durch Brand zerstört
7. Synagoge in Langen	durch Brand zerstört
8. Synagoge in Engelsbach	durch Brand zerstört

Standarte 186

1. Synagoge in Beerfelden	durch Sprengung zerstört
2. Synagoge in Michelstadt	Inneneinrichtung zertrümmert
3. Synagoge in König	Inneneinrichtung zertrümmert
4. Synagoge in Höchst i. O.	Inneneinrichtung zertrümmert
5. Synagoge in Gross-Umstadt	Inneneinrichtung zertrümmert
6. Synagoge in Dieburg	Inneneinrichtung zertrümmert
7. Synagoge in Babenhausen	Inneneinrichtung zertrümmert
7. Synagoge in Gross-Bieberau	durch Brand zerstört
9. Synagoge in Fränk. Crumbach	Inneneinrichtung zerstört
10.Synagoge in Reichelsheim	Inneneinrichtung zerstört

Standarte 221

1. Synagoge und Kapelle in Gr. Gerau	durch Brand zerstört
2. Synagoge in Rüsselsheim	niedergerissen und Inneneinrichtung zerstört
3. Synagoge in Dornheim	Inneneinrichtung zerstört
4. Synagoge in Wolfskehlen	Inneneinrichtung zerstört

Der Führer der Brigade 50 (Starkenburg)
Lucke, Brigadeführer" [137]

Victor Klemperer, ein jüdischer Literaturwissenschaftler aus Dresden, hat in seinen Tagebüchern im Juni 1942 aufgezählt, welchem Terror, welchen Beschränkungen und kleinlichen Schikanen die Juden ausgesetzt waren. All dies waren keine Geheimnisse, sondern gehörte zum alltäglichen Leben, das auch die „deutschen Volksgenossen" betraf:

„Was ist in diesem letzten Jahr alles an Großem und Kleinem zusammengekommen! Und der kleine Nadelstich ist manchmal quälender als der Keulenschlag. Ich stelle einmal die Verordnungen zusammen: 1) Nach acht oder neun Uhr abends zu Hause sein. Kontrolle! 2) Aus dem eigenen Haus vertrieben! 3) Radioverbot, Telefonverbot. 4) Theater-, Kino-, Konzert-, Museumsverbot. 5) Verbot, Zeitschriften zu abbonieren oder zu kaufen. 6) Verbot zu fahren; (dreiphasig: a) Autobusse verboten, nur Vorderperron der Tram erlaubt, b) alles Fahren verboten, außer zur Arbeit, c) auch zur Arbeit zu Fuß, sofern man nicht 7 km entfernt wohnt oder krank ist (aber um ein Krankheitsattest wird schwer gekämpft). Natürlich auch Verbot der Autodroschke.) 7) Verbot, ,Mangelware' zu kaufen. 8) Verbot, Zigarren zu kaufen, oder irgendwelche Rauchstoffe. 9) Verbot, Blumen zu kaufen. 10) Entziehung der *Milch*karte. 11) Verbot, zum Barbier zu gehen. 12) Jede Art Handwerker nur nach Antrag bei der Gemeinde bestellbar. 13) Zwangsablieferung von Schreibmaschinen, 14) von Pelzen und Wolldecken, 15) von Fahrrädern – zur Arbeit darf geradelt werden (Sonntagsausflug und Besuch zu Rad verboten), 16) von Liegestühlen, 17) von Hunden, Katzen, Vögeln. 18) Verbot, die Bannmeile Dresdens zu verlassen, 19) den Bahnhof zu betreten, 20) das Ministeriumsufer, die Parks zu betreten, 21) die Bürgerwiese und die Randstraßen des Großen Gartens (Park- und Lennéstraße, Karcherallee) zu benutzen. Diese letzte Verschärfung seit gestern erst. Auch das Betreten der Markthallen seit vorgestern verboten. 22) Seit dem 19. September der *Judenstern*. 23) Verbot, Vorräte an Eßwaren im Haus zu haben. (Gestapo nimmt auch mit, was auf Marken gekauft ist.) 24) Verbot der Leihbibliotheken. 25) Durch den Stern sind uns alle Restaurants verschlossen. Und in den Restaurants bekommt man immer noch etwas zu essen, irgendeinen ‚Stamm', wenn man zu Haus gar nichts mehr hat. Eva sagt, die Restaurants seien übervoll. 26) Keine Kleiderkarte. 27) Keine Fischkarte. 28) Keine Sonderzuteilung wie Kaffee, Schokolade, Obst, Kondensmilch. 29) Die Sondersteuern. 30) Die ständig verengte Freigrenze. Meine zuerst 600, dann 320, jetzt 185 Mark. 31) Einkaufsbeschränkung auf *eine* Stunde (drei bis vier, Sonnabend zwölf bis eins). Ich glaube, diese 31 Punkte sind alles. Sie sind aber alle zusammen gar nichts gegen die ständige Gefahr des Haussuchung, der Mißhandlung, des Gefängnisses, Konzentrationslagers und gewaltsamen Todes." [138]

Die Organisation der „Endlösung" stellte zudem ein gigantisches Unternehmen dar, welches überhaupt nicht ohne Öffentlichkeit vollzogen werden konnte. Die Nazis selbst sorgten für Öffentlichkeit: Die Deportationen begleitend erschienen gegen Ende 1941 Zeitungsmeldungen, daß Deutschland bis zum 1. April 1942 von Juden geräumt werde, damit das Land bis Ende Juni „judenrein" sei.

Die Sammelplätze, an denen sich die jüdische Bevölkerung vor ihrem Abtransport einzufinden hatte, befanden sich oftmals im Herzen von Großstädten. In Hamburg befindet sich der Platz der jüdischen Deportierten genau neben der Universität. Spätestens ab 1943 verbreiteten alliierte Sender und auch der vielgehörte BBC zum Teil äußerst präzise Meldungen über das Schicksal der Juden. Tatsächlich wird heute von kaum jemandem bestritten, daß die deutsche Bevölkerung über den Abtransport informiert gewesen sei. Aber dieses Eingeständnis wird so selbstverständlich gemacht, als stelle die massenhafte Enteignung und Vertreibung von unschuldigen Menschen allein noch kein Verbrechen dar. Zudem muß die Frage gestellt werden, ob es nicht leicht zu erraten war, daß die Deportierten ein weitaus schlimmeres Schicksal als der „Arbeitseinsatz im Osten" erwartete? Was sollte mit den Tausenden von Menschen geschehen, denen nur erlaubt wurde, einen einzigen Koffer mitzuführen, und die Sommers wie Winters in Viehwaggons getrieben wurden? Warum trieb man auch Alte und Kinder in die Waggons, wenn man doch beabsichtigte, sie zum Arbeitseinsatz zu bringen? Wie konnten so schnell in den gerade erst eroberten Gebieten so viele Menschen untergebracht, versorgt und zur Arbeit eingesetzt werden? Woher kamen die Mengen an gebrauchter Kleidung, die im Reich über Bezugsscheine bezogen werden konnten? Im übrigen gab es unter den „zurückgebliebenen" Deutschen des öfteren Streit um den hinterlassenen Besitz, wenn nicht sogar eine unverhohlene Jagd auf die Beutegüter.

Aber es hat mit Sicherheit auch direkte Informationen darüber gegeben, was mit den deportierten Juden geschah: Die SS-Mannschaften der KZs besaßen zwar Schweigepflicht, dürften aber in Briefen und bei Heimaturlauben genauso berichtet haben, wie Angehörige der Wehrmacht oder der Sonderkommandos. Allein in Auschwitz taten von 1940 bis 1945 etwa 7.000 Männer und 200 Frauen ihren „Dienst". [139]

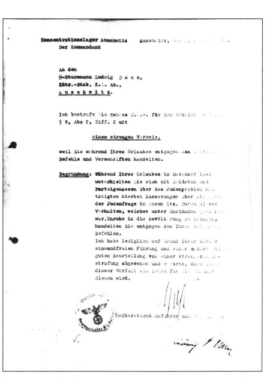

Der SS-Sturmführer Ludwig Damm erhält einen „strengen Verweis".

Beamte und Angestellte der deutschen Reichsbahn waren als Zugführer und Bahnhofsvorsteher mit Eichmanns gigantischem „Transportsystem" konfrontiert. Sie sahen die Endstationen der Todesfahrten ebenso, wie sie das Sterben während der Fahrt und die Erschießungen bei Fluchtversuchen miterlebten. Zugführer Egon Weber, der mehrfach Züge nach Treblinka begleitet hat, gab an:

> „Die Schießereien längs des Zuges durch Wachmannschaften habe ich nicht gesehen. Ich drehte mich nämlich nie um." [140]

Die Reichsbahn machte ein gutes Geschäft mit den Sonderzügen und richtete für deren Organisation eine eigene Arbeitsgruppe ein, welche mit dem Reichssicherheitshauptamt der SS kooperierte. [141]

Der Transport wurde von Güterzügen übernommen. Allein aus der Fahrtzeit und der Tatsache, daß in den Zügen keinerlei sanitäre Anlagen vorhanden waren, hätte die Menschenverachtung des Unternehmens ersichtlich sein müssen. Auch die Menge der Transporte sprach eine deutliche Sprache. Beispielsweise fuhr ab dem 27.7.1942 täglich ein Zug mit 5.000 Juden vom Warschauer Getto nach Treblinka. Das Lager in Treblinka war aber nur 600 m lang und 400 m breit. Es hätte sich die Frage aufdrängen müssen, wo denn die 329.000 Juden untergekommen waren.

Die deutsche Industrie, allen voran die IG Farben, verdiente nicht nur durch Lieferungen an die KZs, sie produzierte auch mit KZ-ZwangsarbeiterInnen und in KZs selbst. Es gab fast flächendeckend in ganz Deutschland kleinere Außenstellen von KZs.

Folgende Quellen belegen sowohl Wissen als auch Informationsweitergabe.

Allein der zum KZ Auschwitz gehörige Industriekomplex stellte eine gewaltige Anlage dar. Ein britischer Soldat, der während seiner Gefangenschaft für die IG-Farben arbeitete, berichtet:

> „Die Menschen in der Stadt (Auschwitz), die SS-Männer, die Lagerinsassen, das ganze Lager wußte es. Die Zivilbevölkerung wußte es und beklagte sich über den Gestank der brennenden Leichen. Auch eine Menge Angestellter der IG-Farben, mit denen ich sprach, gaben es zu. Es wäre ganz unmöglich gewesen, nicht Bescheid zu wissen." [142]

Viele deutsche Firmen machten zudem enorme Gewinne durch den Erwerb enteigneten, jüdischen Besitzes. Georg Krag beispielsweise begann seine Karriere als Besitzer des Hertie-Konzerns durch die Übernahme der Ladenkette des enteigneten Hermann Tietz. [143]

Das Programm „Vernichtung durch Arbeit" stellte für viele Firmen eine enorme Profitquelle
dar. Für die Sklavenarbeit der KZ-Häftlinge wurde der SS der Lohn von 5 RM pro Tag
ausgezahlt. Auch die Vernichtung selbst wurde zum Geschäft. Die Firma J.A. Topf & Söhne
baute die Krematorien, die Firmen TESTA und DEGESCH verkauften Zyklon B an die SS.
Auch an Menschenversuchen wurde profitiert.

Neben den Nachrichten über die KZs haben auch Nachrichten über andere Formen
des Holocaust, wie Massenerschießungen, die deutsche Bevölkerung erreicht.
Dazu noch ein Auszug aus einem Brief, der von einem deutschen Soldaten geschrieben wurde:

> „Im Stall sägen zwei Juden seit sieben Monaten Holz und fragen
> ab und zu, ob sie nächstens auch erschossen würden. Von den etwa
> 8.000 Juden unseres Städtchens sind nämlich neulich 2.007 auf
> Verantwortung des Gebietskommissars [...] erschossen worden,
> darunter viele Frauen und Kinder." [144]

Daß in der deutschen Bevölkerung Wissen über den Holocaust bestand, hat Hans-Jochen
Gamm auf beeindruckende Weise belegen können. Gamm setzte sich mit den während der
NS-Herrschaft verbreiteten Flüsterwitzen auseinander. Ein Beispiel:

> „Jüdische Opfer sollen von der Gestapo erschossen werden.
> Der kommandierende SS-Sturmbandführer tritt auf einen Juden zu
> und schnarrt: ‚Na, Sie sehen ja leidlich arisch aus. Ich will
> Ihnen eine Chance geben. Ich habe ein Glasauge, das aber nicht
> leicht zu erkennen ist. Wenn sie sofort richtig raten, werde ich
> Sie noch zurückstellen!' Ohne Zögern erfolgt die Antwort des
> Juden: ‚Das linke!' ‚Woran haben Sie das erkannt?' ‚Es hat einen
> so menschlichen Ausdruck!'" [145]

Abschließend soll ein besonders widerwärtiges Beispiel dafür gegeben werden, daß die
Verantwortlichen so stolz auf ihre Pflichterfüllung waren, daß sie das Gegenteil von Geheimhaltung praktizierten: Ihr „Opfer" für Deutschland sollte möglichst weit bekannt werden.
Das (unter „Lüge Nr. 38", S. 113 bereits erwähnte) Reserve-Polizeibataillon 101 aus Hamburg
führte nicht nur Massenerschießungen durch, sondern stellte auch eine große Zahl von
Todeszügen nach Treblinka zusammen. Diese Deportationen waren in der Regel schon mit
einem Gemetzel an Ort und Stelle verbunden. Der Historiker Christopher R. Browning hat
diese Aktionen, so wie die meisten Verbrechen des Reserve-Polizeibataillons 101, anhand von
Zeugenaussagen rekonstruiert. Zu den erschreckenden Erkenntnissen, die Browning gewann,
gehört auch die folgende: Einer der Kommandierenden schreckte nicht einmal davor zurück,
seine jung vermählte Frau zu makaberen Flitterwochen nach Polen nachkommen zu lassen.

> „Es ist möglich, daß Wohlauf seine Frau zur ‚Aussiedlungsaktion'
> von Miedzyrzec mitnahm, weil er von ihr mitten in den Flitter-
> wochen unter keinen Umständen getrennt sein mochte, wie Buchmann
> meinte. Andererseits wollte der von sich eingenommene, ange-

berisch veranlagte Hauptmann vielleicht auch nur seiner jungen Frau demonstrieren, daß er Herr über Leben und Tod der polnischen Juden war, um sie so zu beeindrucken. [...] Überall in den Straßen und Häusern waren die Leichen erschossener Juden zu sehen. Von den Hilfswilligen und den Polizisten getrieben, strömten Tausende von Juden auf den Marktplatz. Hier mußten sie sich hinsetzen oder hocken und durften weder aufstehen noch sonst sich bewegen. Aufgrund einer spätsommerlichen Hitzewelle war es an diesem Augusttag so heiß, daß während des stundenlangen Wartens viele Juden einen Kreislaufkollaps erlitten und ohnmächtig wurden. Außerdem wurde auch auf dem Marktplatz weiter geprügelt und geschossen. Angesichts der steigenden Temperaturen hatte Frau Wohlauf, die die Vorgänge aus nächster Nähe beobachtete, inzwischen den Uniformmantel abgelegt und war in ihrem Kleid auf dem Marktplatz deutlich auszumachen." [146]

Wie sehr das Wissen um den Holocaust in die deutsche Bevölkerung eingedrungen sein muß, belegt auch der Appell des Bischofs Wurm an die Reichsregierung vom 16.7.1943 und vom Dezember 1943. In seinem Versuch, zumindest die „Halbjuden" zu schützen, spricht der Bischoff die Vernichtung der Nichtarier wie ein allgemein bekanntes Faktum an (Auszug):

„Nachdem die dem deutschen Zugriff unterliegenden Nichtarier in größtem Umfang beseitigt worden sind, muß auf Grund von Einzelvorgängen befürchtet werden, daß nunmehr auch die bisher verschont gebliebenen sogenannten privilegierten Nichtarier erneut in Gefahr sind, in gleicher Weise behandelt zu werden."

„Aus religiösem und ethischem Empfindung heraus muß ich in Übereinstimmung mit dem Urteil aller positiven christlichen Volkskreise in Deutschland erklären, daß wir als Christen diese Vernichtungspolitik gegen das Judentum als ein schweres und für das deutsche Volk verhängnisvolles Unrecht empfinden. Das Töten ohne Kriegsnotwendigkeit und ohne Urteilsspruch widerspricht auch dann dem Gebote Gottes, wenn es von der Obrigkeit angeordnet wird, und wie jedes bewußte Übertreten von Gottes Geboten rächt sich auch dies früher oder später." [147]

Lüge Nr. 60 »Das Volk war unwissendes und getäuschtes Opfer.«

»Die deutsche Bevölkerung wußte nichts von der grausamen Kriegsführung der Nationalsozialisten.«

Zunächst sollte auch hier danach gefragt werden, ob die Millionen von deutschen Soldaten, die an der Ostfront eingesetzt waren, nicht zur deutschen Bevölkerung zählen?
Wie bereits gesagt, haben diese Soldaten, ebenso wie die Mitglieder von Einsatzgruppen, zahllose Briefe in die Heimat gesandt, in denen sie auch über die Schrecken berichteten, die sich um sie herum vollzogen. Ein weiteres Beispiel:

„24.6.1941. Dienstag
Uffz. (O.A.) G. E.
14 Kp./Inf.Rgt.353,205.Inf.Div.
FPN 17356
[...] Emil schreibt von den verhungerten Kindern des Warschauer Ghettos, daß er kurz gesehen hat. Im letzten Krieg brachte das Ausland Bilder von abgehackten Kinderhänden. Und nun dies! Die Wahrheit ist schlimmer, grausamer, viehischer als alle Phantasie." [148]

Diese Nachrichten mußten in Deutschland bekannt sein.
Hier noch ein Zitat aus dem Appell des Bischofs Wurm an die Mitglieder der Reichsregierung:

„[...] In der Berufung auf dieses göttliche Urrecht des Menschen schlechthin erheben wir feierlich die Stimme auch gegen zahlreiche Maßnahmen in den besetzten Gebieten. Vorgänge, die in der Heimat bekannt geworden sind und viel besprochen werden, belasten das Gewissen und die Kraft unzähliger Männer und Frauen im deutschen Volk auf das schwerste; sie leiden unter manchen Maßnahmen mehr als unter den Opfern, die sie jeden Tag bringen." [149]

168 Was das Schicksal vor allem der sowjetischen Kriegsgefangenen betrifft, so kann darauf hingewiesen werden, daß — wie in vielen anderen Diktaturen auch — die Nichtinformation als Information gewertet werden kann. Was war aus den Millionen von Gefangenen geworden, die in Wochenschauen vorgeführt worden waren und über die man nun nichts mehr hörte?

Ganz sicher haben mit den Soldatenbriefen auch Fotos Deutschland erreicht.
Es mögen Fotos wie diese gewesen sein, die bei gefallenen oder in Gefangenschaft geratenen
Soldaten gefunden wurden.

169

Anmerkungen

1 Hitler, Adolf: Mein Kampf. 424. Auflage. München 1939, S. 772.

2 Verhandlungen des Reichstags. Stenographische Berichte. Bd. 460 (1939–1942), S. 16.

3 Monologe im Führerhauptquartier 1941–1944. Die Aufzeichnungen Heinrich Heims. Hg. von Werner Jochmann. Hamburg 1980 – zitiert nach Longerich, Peter (Hg.): Die Ermordung der europäischen Juden. Eine umfassende Dokumentation des Holocaust 1941–1945. München 1989, S. 76ff.

4 Rudolf Höß: Kommandant in Auschwitz. Autobiographische Aufzeichnungen. Hg. von Martin Broszat. Stuttgart 1958, S. 153.

5 Jochen von Lang (Hg.): Das Eichmann-Protokoll. Tonbandaufzeichnungen der israelischen Verhöre. Berlin 1982 – zitiert nach Longerich, Peter (Hg.): Die Ermordung der europäischen Juden, a.a.O., S. 81.

6 Rede Adolf Hitlers vom 30. September 1942 – zitiert nach: Hilberg, Raul: Die Vernichtung der europäischen Juden. Bd. 2. Frankfurt am Main 1990, S. 425.

7 Hitler, Adolf: Mein Kampf, a.a.O., S. 740f.

8 Hitler, Adolf: Mein Kampf, a.a.O., S. 315f.

9 Denkschrift Adolf Hitlers. – In: Vierteljahreshefte für Zeitgeschichte. 1955. H. 2 – zitiert nach Kühnl, Reinhard: Der deutsche Faschismus in Quellen und Dokumenten. 6. durchgesehene u. erweiterte Auflage. Köln 1987, S. 311f.

10 Niederschrift von Oberst Hoßbach über die Besprechung in der Reichskanzlei am 5. 11. 1937 (Hoßbach-Protokoll) – zitiert nach Kühnl, Reinhard: Der deutsche Faschismus, a.a.O., S. 316.

11 Adolf Hitler am 23. Mai 1939 – zitiert nach Augstein, Rudolf: „Nur ein Sandkastenspiel". Hitlers ureigener „Blitzkrieg" mit der Sowjetunion. – In: DER SPIEGEL. H. 6 (1996), S. 104.

12 Zitiert nach Internationaler Militärgerichtshof: Der Prozeß gegen die Hauptkriegsverbrecher (=IMT). Bd. XXVI. Nürnberg 1948, S. 47f.

13 Zusatzprotokoll zum deutsch-sowjetischen Nichtangriffspakt vom 23. August 1939 – zitiert nach Kühnl, Reinhard: Der deutsche Faschismus, a.a.O., S. 323.

14 Vgl. Bracher, K. D./Funke, M./Jacobsen, H.-A. (Hg.): Deutschland 1933–1945. Neue Studien zur nationalsozialistischen Herrschaft. Bundeszentrale für politische Bildung 1992/1993, S. 105.

15 Zitiert nach: Bundesministerium für Vertriebene (Hg.): Dokumentation der Vertreibung der Deutschen aus Ost-Mitteleuropa; Bd. I/1: Die Vertreibung der deutschen Bevölkerung aus den Gebieten östlich der Oder-Neiße, o. J., S. 282.

16 Zitiert nach Kühnl, Reinhard: Der deutsche Faschismus, a.a.O., S. 380.

17 Aus einem im Raum Stormann (Schleswig-Holstein) 1990 verteilten Flugblatt. Herausgeber: „Nationale deutsche Jugend". Genaue Zugehörigkeit dieser Gruppe ist unbekannt.

Anmerkungen

18 Vgl. Michalka, Wolfgang (Hg.): Das Dritte Reich. Bd. 2. München 1985, S. 174.

19 Vgl. Dülffer, Jost: Deutsche Geschichte 1933–1945. Führerglaube und Vernichtungskrieg. Stuttgart 1993, S. 181.

20 Hitler, Adolf: Mein Kampf, a.a.O., S. 459f.

21 Zitiert nach Jahnke, Karl Heinz/ Buddrus, Michael: Deutsche Jugend 1933–1945. Eine Dokumentation. Hamburg 1989, S. 155.

22 Vgl. z.B. auch Fest, J. C./Hoffmann, H./ Lang, J. v.: Hitler – Gesichter eines Diktators. 1993.

23 Zitiert nach Heer, Hannes (Hg.): „Stets zu erschießen sind Frauen, die in der Roten Armee dienen". Geständnisse deutscher Kriegsgefangener über ihren Einsatz an der Ostfront. Hamburg 1995, S. 29.

24 Besymenski, Lew: Der Tod des Adolf Hitler. 2. Aufl. 1988.

25 Fest/Hoffmann/Lang: Hitler – Gesichter eines Diktators, a.a.O.

26 Vgl. Rosenberg, Alfred (Hg.): Das Parteiprogramm. Wesen, Grundsätze und Ziele der NSDAP. 21. Auflage. München 1941, S. 15ff.

27 Reichsgesetzblatt. Jg. 1933. Teil I. Nr. 24, S. 83.

28 Heer, Hannes/Naumann, Klaus (Hg.): Vernichtungskrieg. Verbrechen der Wehrmacht 1941–1944. Hamburg 1995.

29 Die Zeit v. 3.3.1995, S. 16.

30 Handschriftliche Aufzeichnung des Generalleutnants Liebmann vom 3.3.1933 – zitiert nach Kühnl, Reinhard: Der deutsche Faschismus, a.a.O., S. 209.

31 Bankier, David: Die öffentliche Meinung im Hitler-Staat. Die „Endlösung" und die Deutschen. Eine Berichtigung. Berlin 1995, S. 47.

32 Zitiert nach Internationaler Militärgerichtshof: Der Prozeß gegen die Hauptkriegsverbrecher. Band XXXIV. Nürnberg 1949, S. 389.

33 Zitiert nach Kühnl, Reinhard: Der deutsche Faschismus, a.a.O., S. 374.

34 Zitiert nach Kühnl, Reinhard: Der deutsche Faschismus, a.a.O., S. 375.

35 Zitiert nach Longerich, Peter (Hg.): Die Ermordung der europäischen Juden, a.a.O, S. 137.

36 Zitiert nach Heer, Hannes (Hg.): „Stets zu erschießen sind Frauen, die in der Roten Armee dienen", a.a.O., S. 42ff.

37 Dülffer, Jost: Deutsche Geschichte 1933–1945, a.a.O., S. 192.

38 Zitiert nach Dülffer, Jost: Deutsche Geschichte 1933–1945, a.a.O., S. 193.

39 Zitiert nach Heer, Hannes (Hg.): „Stets zu erschießen sind Frauen, die in der Roten Armee dienen", a.a.O., S. 46.

40 Zitiert nach Heer, Hannes (Hg.): „Stets zu erschießen, sind Frauen, die in der Roten Armee dienen", a.a.O., S. 25.

41 Zitiert nach Hilberg, Raul: Die Vernichtung der europäischen Juden. Bd. 2. Frankfurt am Main 1990, S. 730f.

Anmerkungen

42 Zitiert nach Manoschek, Walter (Hg.): „Es gibt nur eines für das Judentum: Vernichtung". Das Judenbild in deutschen Soldatenbriefen 1939–1944. Hamburg 1995, S. 66.

43 Vgl. Reichsgesetzblatt. Jg. 1944. Teil I. Nr. 53, S 253ff.

44 Zitiert nach Heer, Hannes (Hg.): „Stets zu erschießen sind Frauen, die in der Roten Armee dienen", a.a.O. S. 16.

45 Zitiert nach Manoschek, Walter (Hg.): „Es gibt nur eines für das Judentum: Vernichtung", a.a.O., S. 33.

46 Zitiert nach Manoschek, Walter: "Gehst mit Juden erschießen?" Die Vernichtung der Juden in Serbien. – In: Heer, Hannes/Neumann, Klaus (Hg.): Vernichtungskrieg, a.a.O., S. 39–56, hier S. 51.

47 Vgl. Manoschek, Walter: „Gehst mit Juden erschießen?", a.a.O., S. 51f.

48 Vgl. Benz, Wolfgang: Dr. med. Sigmund Rascher. Eine Karriere. – In: Dachauer Hefte. Studien und Dokumente zur Geschichte der nationalsozialistischen Konzentrationslager. Hg. v. Benz, Wolfgang u. Distel, Barbara. Heft 4: Medizin im NS-Staat. Täter, Opfer, Handlanger. München 1993, S. 190–214.

49 Vgl. Jäckel, E./Longerich, P./ Schoeps, J. H. (Hg.): Enzyklopädie des Holocaust. Bd. II. Berlin 1993, S. 1143.

50 Levi, Primo: Die Untergegangenen und die Geretteten. München 1986, S. 124f.

51 Zitiert nach Hilberg, Raul: Die Vernichtung der europäischen Juden. Bd. 2, a.a.O., S. 355f.

52 Vgl. Ritscher, Bodo: Buchenwald – Rundgang durch die Gedenkstätte. Erfurt 1986, S. 19.

53 Prof. Dr. Bernd Bonwetsch am 25.4.1995 während einer Vorlesung zum Jahrestag des Kriegsendes in Rußland an der Hamburger Universität.

54 Vgl. Christian Streit: Die sowjetischen Kriegsgefangenen in der Hand der Wehrmacht. – In: Matoschek, Walter (Hg.): Die Wehrmacht im Rassenkrieg. Der Vernichtungskrieg hinter der Front. Wien 1996, S. 74–89, hier S. 75.

55 Zitiert nach Boog, H./Förster, J./ Hoffmann, J./Klink, E./Müller, R-D./ Ueberschär, G. R: Der Angriff auf die Sowjetunion. Frankfurt am Main 1991, S. 60.

56 Hierzu und zu folgendem Boog u.a.: Der Angriff auf die Sowjetunion, a.a.O., S. 61.

57 Augstein, Rudolf: „Nur ein Sandkastenspiel", a.a.O., S. 124.

58 Churchill, Winston: His complete speeches 1897–1963. Bd. 6: 1935–1942. New York u. London 1974. S. 6428.

59 Zitiert nach Longerich, Peter (Hg.): Die Ermordung der europäischen Juden, a.a.O., S. 118f.

60 Zitiert nach Longerich, Peter (Hg.): Die Ermordung der europäischen Juden, a.a.O., S. 127.

61 Zitiert nach Longerich, Peter (Hg.): Die Ermordung der europäischen Juden, a.a.O., S. 407.

Anmerkungen

62 Zitiert nach Longerich, Peter (Hg.):
Die Ermordung der europäischen Juden,
a.a.O., S. 424.

63 Zitiert nach Lipstadt, Deborah E.:
Leugnen des Holocaust. Rechtsextremismus mit Methode. Reinbek 1996, S. 375.

64 Vgl. Hilberg, Raul : Die Vernichtung der
europäischen Juden, a.a.O., S. 1184ff.

65 Vgl. Levi, Primo: Die Untergegangenen
und die Geretteten, a.a.O., S. 153.

66 Zitiert nach Longerich, Peter (Hg.):
Die Ermordung der europäischen Juden,
a.a.O., S. 451.

67 Zitiert nach Longerich, Peter (Hg.):
Die Ermordung der europäischen Juden,
a.a.O., S. 449.

68 Reichsgesetzblatt. Jg. 1933. Teil I, S. 529.

69 Dülffer, Jost: Die deutsche Geschichte
1933–1945, a.a.O., S. 156.

70 Am 27.6.45 fand ein amerikanischer
Offizier in einem Stahlfach in Hartheim
39 Seiten mit statistischen Angaben über
die Vergasungsaktionen und die Zahl der
Opfer nach den einzelnen Vernichtungs-
anstalten geordnet.
Die Statistik war für Hitlers Leibarzt
und Euthanasie-Beauftragten Prof. Karl
Brandt erstellt worden.
Vgl. Klee, Ernst: „Den Hahn aufzudrehen
war ja keine große Sache". Vergasungs-
ärzte während der NS-Zeit und danach.
– In: Dachauer Hefte. H. 4, a.a.O.,
S. 1–21, hier S. 6.

71 Zitiert nach: Klee, Ernst: „Den Hahn
aufzudrehen war ja keine große Sache",
a.a.O., S. 10.

72 Zitiert nach Klee, Ernst: „Den Hahn
aufdrehen war ja keine große Sache",
a.a.O., S. 5f.

73 Vgl. z.B. Tugendhat, Ernst: Das
Euthanasieproblem in philosophischer
Sicht. – In: Logos. Zeitschrift für
systematische Philosophie. Bd.1.
1993/94. Heft 2. S.123–138 sowie
Dworkin, Ronald: Die Grenzen des
Lebens. Abtreibung, Euthanasie und
persönliche Freiheit. Hamburg 1994.

74 Eidesstattliche Erklärung Viktor Bracks
vom 12.10.1946. Zitiert nach Klee, Ernst
(Hg.): Dokumente zur „Euthanasie".
Frankfurt am Main 1985, S. 85.

75 Zitiert nach Bastian, Till: Auschwitz und
die „Auschwitz-Lüge". Massenmord und
Geschichtsfälschung. München 1994,
S. 15.

76 Eidesstattliche Erklärung von Höß vom
5.4.1946. Englischsprachiges Original in:
Internationaler Militärgerichtshof: Der
Prozeß gegen die Hauptkriegsverbrecher.
Bd. XXXIII. Nürnberg 1949, S. 276.

77 Lipstadt, Deborah E.: Leugnen des
Holocaust, a.a.O., S. 350.

78 Czech, Danuta: Kalendarium der
Ereignisse im Konzentrationslager
Auschwitz-Birkenau 1939–1945.
Reinbek 1989.

79 Vgl. Hellmann, P. (Hg.): The Auschwitz-
Album. New York 1981.

80 Vgl. Czech, Danuta: Kalendarium der
Ereignisse im Konzentrationslager
Auschwitz-Birkenau 1939–1945, a.a.O.,
S. 122.

Anmerkungen

81 Ritscher, Bodo: Buchenwald – Rundgang durch die Gedenkstätte, a.a.O., S. 19 und ständige Ausstellung der Gedenkstätte Buchenwald.

82 Vgl. Hilberg, Raul: Die Vernichtung der europäischen Juden. Bd. 2, a.a.O., S. 982ff.

83 Höß, Rudolf: Kommandant in Auschwitz. Autobiographische Aufzeichnungen, a.a.O., S. 153ff.

84 Klüger, Ruth.: Weiter leben. Eine Jugend. München 1994, S. 116.

85 Vgl. Sofsky, Wolfgang: Die Ordnung des Terrors: Das Konzentrationslager. Frankfurt am Main 1993, S. 57. Der Autor bemerkt zu dieser Zahl, daß nur Lager mit gesicherten Opferzahlen bzw. anerkannten Schätzungen in die Gesamtsumme aufgenommen wurden.

86 Abbildung des Originaldokuments in Czech, Danuta: Kalendarium der Ereignisse im Konzentrationslager Auschwitz-Birkenau 1939–1945, a.a.O., S. 397.

87 Vgl. Lipstadt, Deborah E.: Leugnen des Holocaust, a.a.O., S. 350ff.

88 Levi, Primo: Die Untergegangenen und die Geretteten, a.a.O, S. 84.

89 Vgl. Borkin, Joseph: Die unheilige Allianz der I.G.-Farben. Eine Interessengemeinschaft im Dritten Reich. Frankfurt am Main 1979, S.115.

90 Zitiert nach Kühnl, Reinhard: Der deutsche Faschismus in Quellen und Dokumenten, a.a.O., S. 416.

91 Zitiert nach Kühnl, Reinhard: Der deutsche Faschismus, a.a.O. S. 420.

92 Zitiert nach Vierteljahrshefte für Zeitgeschichte. 1. Jg. 1953. Heft 2, S. 189ff.

93 Zitiert nach Longerich, Peter (Hg.): Die Ermordung der europäischen Juden, a.a.O., S. 148.

94 Zitiert nach Longerich, Peter (Hg.): Die Ermordung der europäischen Juden, a.a.O., S. 360.

95 Zitiert nach Longerich, Peter (Hg.): Die Ermordung der europäischen Juden, a.a.O., S. 345ff.

96 Zitiert nach Longerich, Peter (Hg.): Die Ermordung der europäischen Juden, a.a.O., S. 355ff.

97 Vgl. Klee, Ernst: „Den Hahn aufzudrehen war ja keine große Sache", a.a.O., S. 8.

98 Zitiert nach Benz, Wolfgang: Dr. med. Sigmund Rascher, a.a.O., S. 201f.

99 Erlebnisbericht von Walter Neff, einem Gehilfen Sigmund Raschers. Zitiert nach Benz, Wolfgang: Dr. med. Sigmund Rascher, a.a.O., S. 206.

100 Zitiert nach Benz, Wolfgang: Dr. med. Sigmund Rascher, a.a.O., S. 212.

101 Nyiszli, Niklòs: An Eyewitness Account of Mengele's Infamous Death Camp. New York 1960, S. 128.

102 Nyiszli, Niklòs: Vgl. Nyiszli, Niklòs: Account of Mengele's Infamous Death Camp, a.a.O., S. 50f.

103 Zitiert nach Longerich, Peter (Hg.): Die Ermordung der europäischen Juden, a.a.O., S. 112.

Anmerkungen

104 Bundesarchiv. Dokument R 70. Sowjetunion/32, Bl. 384–390.

105 Zitiert nach Longerich, Peter (Hg.): Die Ermordung der europäischen Juden, a.a.O., S. 113.

106 Zitiert nach Longerich, Peter (Hg.): Die Ermordung der europäischen Juden, a.a.O., S. 132.

107 Internationaler Militärgerichtshof: Der Prozeß gegen die Hauptkriegsverbrecher. Bd. XXIX, a.a.O., S. 145.

108 zitiert nach Browning, Cristopher R.: Ganz normale Männer. Das Reserve-Polizeibataillon 101 und die „Endlösung" in Polen. Reinbek 1993, S. 187.

109 Browning, Cristopher R.: Ganz normale Männer, a.a.O., S. 249f.

110 Zitiert nach Longerich, Peter (Hg.): Die Ermordung der europäischen Juden, a.a.O., S. 124ff.

111 Lachout-„Dokument". Hg. v. Dokumentationsarchiv des österreichischen Widerstandes. Wien 1989.

112 Vgl. Reifarth, Dieter/Schmidt-Linsenhoff, Viktoria: Die Kamera der Täter. – In: Heer, Hannes/Naumann, Klaus (Hg.): Vernichtungskrieg. Verbrechen der Wehrmacht 1941–1944. Hamburg 1995, S. 475–503, hier S. 475.

113 Vgl. Lipstadt, Deborah E.: Leugnen des Holocaust, a.a.O., S. 225ff.

114 Vgl.: Lipstadt, Deborah E.: Leugnen des Holocaust, a.a.O., S. 274f.

115 Wellers, Georges: Der „Leuchter-Bericht" über die Gaskammern von Auschwitz. Revisionistische Propaganda und Leugnung der Wahrheit. – In: Dachauer Hefte, a.a.O., Bd. 7, S. 236f.

116 Wellers, Georges: Der „Leuchter-Bericht" über die Gaskammern von Auschwitz, a.a.O., S. 234.

117 Bastian, Till: Auschwitz und die „Auschwitz-Lüge", a.a.O., S. 78f.

118 Bastian, Till: Auschwitz und die „Auschwitz-Lüge", a.a.O., S. 78.

119 Vgl. Wellers, Georges: Der „Leuchter-Bericht" über die Gaskammern von Auschwitz, a.a.O., S. 238.

120 Vgl. Benz, Wolfgang (Hg.): Legenden, Lügen, Vorurteile. Ein Wörterbuch zur Zeitgeschichte. München 1992, S. 133.

121 Vgl. Bankier, David: Die öffentliche Meinung im Hitler-Staat. Berlin 1995, S. 102f.

122 Hitler, Adolf: Mein Kampf, a.a.O., S. 501f.

123 Frankfurter Zeitung vom 26.9.1930. Zitiert nach Bullock, Alan: Hitler. Eine Studie über Tyrannei. Düsseldorf 1953, S. 157.

124 Goebbels, Joseph. : Wesen und Gestalt des Nationalsozialismus. (Schriften der Deutschen Hochschule für Politik, Heft 8). 1934, S. 13.

125 Levi, Primo: Die Untergegangenen und die Geretteten, a.a.O., S. 187.

126 Bankier, David: Die öffentliche Meinung im Hitler-Staat, a.a.O., S. 27.

Anmerkungen

127 Bankier, David: Die öffentliche Meinung im Hitler-Staat, a.a.O., S. 81f.

128 Bankier, David: Die öffentliche Meinung im Hitler-Staat, a.a.O., S. 224.

129 Zitiert nach Bankier, David: Die öffentliche Meinung im Hitler-Staat, a.a.O., S. 225.

130 Vgl. Frei, Norbert: Keine Angst vor der Gestapo? Zur Debatte über die politische Polizei im Nationalsozialismus. – In: Frankfurter Rundschau v. 6.2.1996.

131 David Bankier: Die öffentliche Meinung im Hitler-Staat, a.a.O., S. 213.

132 Zitiert nach Manoschek, Walter (Hg.): „Es gibt nur eines für das Judentum: Vernichtung", a.a.O., S. 58.

133 Vgl. ständige Ausstellung des Fachbereichs Erziehungswissenschaften der Universität Hamburg.

134 Zitiert nach Kühnl, Reinhard: Der deutsche Faschismus, a.a.O., S. 491.

135 Reichsgesetzblatt. Jg. 1935. Teil I. Nr. 100, S. 1146ff.

136 Graml, Hermann: Reichskristallnacht. Antisemitismus und Judenverfolgung im Dritten Reich. München 1988, S. 184.

137 Internationaler Militärgerichtshof: Der Prozeß gegen die Hauptkriegsverbrecher. Bd. XXVII. Nürnberg 1948, S. 487ff.

138 Klemperer, Victor: Ich will Zeugnis ablegen bis zum letzten. Tagebücher 1942–1945. Berlin 1995, S. 107f. (Hervorhebung im Original).

139 Vgl. Bastian, Till: Auschwitz und die „Auschwitz-Lüge", a.a.O., S. 54.

140 Zitiert nach: Wollenberg, Jörg (Hg.): „Niemand war dabei und keiner hat's gewußt." Die deutsche Öffentlichkeit und die Judenverfolgung 1933–45. München u. Zürich 1989, S. 222.

141 Vgl. Lichtenstein, Heiner: Mit der Reichsbahn in den Tod. Massentransporte in den Holocaust 1941 bis 1945. Köln 1985. S. 31ff.

142 Zitiert nach Laqueur, Walter: Was niemand wissen wollte. Die Unterdrükkung der Nachrichten über Hitlers „Endlösung". Frankfurt am Main 1982, S. 33ff.

143 Vgl. Wollenberg, Jörg (Hg.): „Niemand war dabei und keiner hat's gewußt", a.a.O., S. 162.

144 Zitiert nach Manoschek, Walter (Hg.): „Es gibt nur eines für das Judentum: Vernichtung", a.a.O., S. 55.

145 Zitiert nach Gamm, Hans-Jochen: Der Flüsterwitz im Dritten Reich. Mündliche Dokumente zur Lage der Deutschen während des Nationalsozialismus. München u. Leipzig 1984, S. 147.

146 Zitiert nach Browning, Cristopher R.: Ganz normale Männer, a.a.O., S. 131f.

147 Zitiert nach Kühnl, Reinhard: Der deutsche Faschismus, a.a.O., S. 482ff.

148 Zitiert nach Manoschek, Walter (Hg.): „Es gibt nur eines für das Judentum: Vernichtung", a.a.O., S. 29.

149 Zitiert nach Kühnl, Reinhard: Der deutsche Faschismus, a.a.O., S. 483.

Bildnachweise

Argon Verlag, Berlin:	S. 88, S. 89
Auschwitz-Museum:	S. 74, S. 84, S. 85, S. 95, S. 100, S. 144, S. 164
Babi Yar Gesellschaft, Kiew:	S. 122
Belorussisches Archiv für Film- und Fotodokumente, Dscherschinsk:	S. 169
Bildarchiv Piekalkiewicz:	S. 131
Bildarchiv Preußischer Kulturbesitz:	S. 151
Bundesarchiv Koblenz:	S. 25, S. 56, S. 63
Deutsches Historisches Museum, Berlin (Bildarchiv Gronefeld):	S. 50
Dokumentationsarchiv des österreichischen Widerstandes, Wien:	S. 169
Ernst Klee:	S. 79
Hauptkommission Warschau:	S. 120, S. 121
Institut für Zeitgeschichte, München:	S. 110, S. 124, S. 159
Jugoslawisches Archiv, Belgrad:	S. 169
Zentrale Stelle der Justizverwaltung Ludwigsburg:	S. 46
Museum des Großen Vaterländischen Krieges, Minsk:	S. 59
Presseagentur Ursula Röhnert:	S. 23
Russisches Staatsarchiv für Film- und Fotodokumente, Krasnogorsk:	S. 52
Süddeutscher Verlag Bilderdienst:	S. 55, S. 67, S. 81
Ukrainisches Film- und Fotoarchiv, Kiew:	S. 51
Ullstein Bilderdienst:	S. 112
Yad Vashem:	S. 70, S. 90, S. 91, S. 98, S. 114, S. 123, S. 132

HINWEIS: Trotz aller Bemühungen konnten nicht alle Urheber des Bildmaterials ermittelt werden. Gegebenenfalls bitten wir um Mitteilung.

Literaturvorschläge

Grundsätzlich werden die jüngste überarbeitete Ausgabe genannt. Wenn Taschenbuchausgaben lieferbar sind, wird auf diese verwiesen

1. Überblicke / Bibliographien

Benz, Wolfgang / Graml, Hermann / Weiß, Hermann:
Enzyklopädie des Nationalsozialismus.
München 1997 (als TB erschienen bei dtv).

Bracher, Karl D. / Funke, Manfred / Jacobsen, Hans A.:
Deutschland 1933-1945. Neue Studien zum NS-Herrschaftssystem.
Düsseldorf 1992 (auch kostenlos erhältlich bei der Bundeszentrale für Politische Bildung).

Dülffer, Jost:
Deutsche Geschichte 1933 bis 1945. Führerglaube und Vernichtungskrieg.
Stuttgart 1992.

Hofer, Walther:
Der Nationalsozialismus. Dokumente 1933-1945.
Frankfurt/M. 1997 (als TB erschienen bei Fischer).

Ruck, Michael:
Bibliographie zum Nationalsozialismus.
Darmstadt 2000 (als CD-ROM bei der Wissenschaftlichen Buchgesellschaft).

2. NS-Herrschaftssystem und Gesellschaft

Buchheim, Hans / Broszat, Martin / Jacobsen, Hans A. / Krausnick, Helmut:
Anatomie des NS-Staates. 2 Bde.
München 1999 (als TB erschienen bei dtv).

Frei, Norbert:
Der Führerstaat. Nationalsozialistische Herrschaft 1933-1945.
München 2001 (als TB erschienen bei dtv).

Gellately, Robert:
Die Gestapo und die deutsche Gesellschaft. Die Durchsetzung der Rassenpolitik 1933-1945.
Paderborn 1994.

Herbert, Ulrich:
Best. Biographische Studien über Radikalismus, Weltanschauung und Vernunft 1903-1989.
Bonn 1996.

Janka, Franz:
Die braune Gesellschaft. Ein Volk wird formatiert.
Stuttgart 1997.

Kershaw, Ian:
Hitlers Macht. Das Profil der NS-Herrschaft.
München 2000 (als TB erschienen bei dtv).

Ortmeyer, Benjamin:
Schulzeit unterm Hitlerbild. Analysen, Berichte, Dokumente.
Frankfurt/M. 1996 (als TB erschienen bei Fischer).

Literaturvorschläge

Reichel, Peter:
Der schöne Schein des Dritten Reiches. Faszination und Gewalt des Faschismus.
Frankfurt/M. 1996.

Schäfer, Hans D.:
Das gespaltene Bewußtsein. Über deutsche Kultur und Lebenswirklichkeit 1933-1945.
München 1983.

3. Rolle Hitlers

Burrin, Phillipe:
Hitler und die Juden. Die Entscheidung für den Völkermord.
Frankfurt/M. 1993.

Haffner, Sebastian:
Anmerkungen zu Hitler.
München 1998 (als TB erschienen bei Fischer).

Hirschfeld, Gerhard / Kettenacker, Lothar:
Der ‚Führerstaat'. Mythos und Realität.
Stuttgart 1981.

Jäckel, Eberhard:
Hitlers Weltanschauung. Entwurf einer Herrschaft.
Stuttgart 1991 (als Paperback erschienen bei DVA).

Kershaw, Ian:
Hitler 1889-1935, Hitler 1936-1945. 2 Bde.
Stuttgart 1998 und 2000.

4. Zweiter Weltkrieg

Benz, Wolfgang / Graml, Hermann:
Sommer 1939. Die Großmächte und der Europäische Krieg.
München 1979.

Gruchmann, Lothar:
Totaler Krieg. Vom Blitzkrieg zur bedingungslosen Kapitulation.
München 1991 (als TB erschienen bei dtv).

Messerschmidt, Manfred / Wüllner, Fritz:
Die Wehrmachtsjustiz im Dienste des Nationalsozialismus. Zerstörung einer Legende.
Baden-Baden 1987.

Streim, Alfred:
Die Behandlung sowjetischer Kriegsgefangener im ‚Fall Barbarossa'. Eine Dokumentation.
Heidelberg 1982.

Streit, Christian:
Keine Kameraden. Die Wehrmacht und die sowjetischen Kriegsgefangenen 1941-1945.
Bonn 1997.

Ueberschär, Gerd R. / Wette, Wolfram:
Der deutsche Überfall auf die Sowjetunion. Unternehmen Barbarossa 1941.
Frankfurt/M. 1999 (als TB erschienen bei Fischer).

Wendt, Bernd-Jürgen:
Großdeutschland. Außenpolitik und Kriegsvorbereitung des Hitler-Regimes.
München 1987 (als TB erschienen bei dtv).

Literaturvorschläge

5. Behindertenmord

Benz, Wolfgang / Distel, Barbara:
Medizin im NS-Staat. Täter, Opfer, Handlanger.
München 1993 (Dachauer Hefte H. 4).

Frei, Norbert:
Medizin und Gesundheitspolitik in der NS-Zeit.
München 1991 (Sonderheft der Vierteljahrshefte für Zeitgeschichte).

Klee, Ernst:
Auschwitz. Die NS-Medizin und ihre Opfer.
Frankfurt/M. 1997 (als TB erschienen bei Fischer).

Klee, Ernst:
Dokumente zur ‚Euthanasie'.
Frankfurt/M. 1997 (als TB erschienen bei Fischer).

Klee, Ernst:
‚Euthanasie' im NS-Staat. Die ‚Vernichtung lebensunwerten Lebens'.
Frankfurt/M. 1985 (als TB erschienen bei Fischer).

6. Holocaust

A: Wissenschaftliche Literatur

Aly, Götz:
‚Endlösung'. Völkerverschiebung und der Mord an den europäischen Juden.
Frankfurt/M. 1995 (als TB erschienen bei Fischer).

Bajohr, Frank:
‚Arisierung' in Hamburg. Die Verdrängung der jüdischen Unternehmer 1933-1945.
Hamburg 1997.

Bankier, David:
Die öffentliche Meinung im Hitler-Staat. Die Endlösung und die Deutschen. Eine Berichtigung.
Berlin 1995.

Benz, Wolfgang:
Der Holocaust.
München 1996 (als TB erschienen bei Beck).

Browning, Christopher R.:
Der Weg zur ‚Endlösung'. Entscheidungen und Täter.
Bonn 1998.

Browning, Christopher R.:
Ganz normale Männer. Das Reserve-Polizeibataillon 101 und die ‚Endlösung' in Polen.
Reinbek 1999 (als TB erschienen bei Rowohlt).

Bruchfeld, Stéphane / Levine, Paul A.:
Erzählt es euren Kindern. Der Holocaust in Europa.
München 2000.

Literaturvorschläge

Czech, Danuta:
Kalendarium der Ereignisse im Konzentrationslager Auschwitz-Birkenau 1939-1945.
Reinbek 1989.

Dwork, Deborah:
Kinder mit dem gelben Stern.
München 1994 (Beck).

Gilbert, Martin:
Endlösung. Die Vertreibung und Vernichtung der Juden. Ein Atlas.
Reinbek 1999 (als TB erschienen bei Rowohlt).

Graml, Hermann:
Reichskristallnacht. Antisemitismus und Judenverfolgung im Dritten Reich.
München 1988 (als TB erschienen bei dtv).

Hilberg, Raul:
Die Vernichtung der europäischen Juden. Die Gesamtgeschichte des Holocaust.
Frankfurt/M 1999 (als TB erschienen bei Fischer).

Jäckel, Eberhard / Rohwer, Jürgen:
Der Mord an den Juden im Zweiten Weltkrieg. Entschlußbildung und Verwirklichung.
Stuttgart 1985.

Gutman, Israel / Jäckel, Eberhard / Longerich, Peter:
Enzyklopädie des Holocaust. Die Verfolgung und Ermordung der europäischen Juden. 4 Bde.
München 1995.

Krausnick, Helmut:
Hitlers Einsatzgruppen. Die Truppe des Weltanschauungskrieges 1938-1942.
Frankfurt/M. 1998 (als TB erschienen bei Fischer).

Longerich, Peter:
Politik der Vernichtung. Eine Gesamtdarstellung der nationalsozialistsichen Judenverfolgung.
München 1999.

Ludwig, Johannes:
Boykott, Enteignung, Mord. Die ‚Entjudung‘ der deutschen Wirtschaft.
München 1992.

Lustiger, Arno:
Zum Kampf auf Leben und Tod. Vom Widerstand der Juden 1933-1945.
München 1997 (als TB erschienen bei dtv).

Wollenberg, Jörg:
‚Niemand war dabei und keiner hat's gewußt‘. Die deutsche Öffentlichkeit und die Judenverfolgung 1933-1945.
München 1989.

B: Erzählende und Berichtende Literatur für Jugendliche und ihre Eltern

Abraham, Peter:
Piepheini.
München 1996.

Anne Frank Tagebuch, Fassung von Otto H. Frank und Mirjam Pressler.
Frankfurt/M. 1991.

David, Janina:
Ein Stück Himmel; Ein Stück Erde; Ein Stück Fremde. 3 Bde.
München 1995 (als TB erschienen bei Droemer-Knaur).

Literaturvorschläge

Erben, Eva:
Mich hat man vergessen. Errinnerung eines jüdischen Mädchens.
Weinheim 1996 (als TB erschienen bei Gulliver).

Ganor, Niza:
Wer bist du, Anuschka? Die Übelebensgeschichte eines jüdischen Mädchens.
München 1996 (als TB erschienen bei btb).

Hendriks, Tineke:
Jan mit dem gelben Stern.
Stuttgart 1995 (als TB erschienen bei Omnibus).

Das Ghettotagebuch des David Sierakowiak. Aufzeichnung eines Siebzehnjährigen 1941/42. Leipzig 1993

Keneally, Thomas:
Schindlers Liste.
München 1994 (als TB erschienen bei Omnibus).

Kertèsz, Imre:
Roman eines Schicksallosen.
Berlin 1996 (als TB erschienen bei rororo).

Klüger, Ruth:
Weiter Leben. Eine Jugend.
München 1994 (als TB erschienen bei dtv).

Leitner, Isabella:
Isabella. Fragmente ihrer Errinnerung an Auschwitz.
Ravensburg 1993 (als TB erschienen bei RTB).

Meerbaum-Eisinger, Selma:
Ich bin in Sehnsucht eingehüllt. Gedichte eines Jüdischen Mädchens an seinen Freund.
Frankfurt/M. 1997 (als TB erschienen bei Fischer).

Orgel, Doris:
Der Teufel in Wien - Freundschaft im Schatten der Diktatur.
München 1980 (als TB erschienen bei Omnibus).

Orlev, Uri:
Die Bleisoldaten.
Weinheim 1999.

Pausewang, Gudrun:
Reise im August.
Ravensburg 1996 (als TB erschienen bei RTB).

Pressler, Mirjam:
Ich sehne mich so. Die Lebensgeschichte der Anne Frank.
Weinheim 1995 (als TB erschienen bei Guliver).

Rabinovici, Schoschana:
Dank meiner Mutter.
Frankfurt/M. 1994 (als TB erschienen bei Fischer).

Steinbach, Peter:
Nächste Woche ist Frieden.
München 1995.

Vos, Ida:
Wer nicht weg ist, wird gesehen; Tanzen auf der Brücke von Avignon; Anna gibt es doch.
Frankfurt/Aarau 1996, 1992, 1998.

Literaturvorschläge

7. Rechtsradikale Geschichtsfälschungen

Bailer-Galanda, Brigitte:
Amoklauf gegen die Wirklichkeit. NS-Verbrechen und ‚revisionistische Geschichtsschreibung'.
Wien 1992.

Bailer-Galanda, Brigitte:
Das Netz des Hasses. Rassistische, rechtsextreme und neonazistische Propaganda im Internet.
Wien 1997.

Bastian, Till:
Auschwitz und die ‚Auschwitz-Lüge'.
Massenmord und Geschichtsfälschung.
München 1997 (als TB erschienen bei Beck).

Benz, Wolfgang:
Legenden, Lügen, Vorurteile. Ein Wörterbuch zur Zeitgeschichte.
München 1998.

Lange, Astrid:
Was die Rechten lesen. Fünfzig rechtsextreme Zeitschriften. Ziele, Inhalte, Taktik.
München 1993 (als TB erschienen bei Beck).

Lipstadt, Deborah E.:
Leugnen des Holocaust. Rechtsextremismus mit Methode.
Reinbek 1996 (als TB erschienen bei Rowohlt).

Wellers, Georges:
Der ‚Leuchter-Bericht' über die Gaskammern von Auschwitz. Revisionistische Propaganda und Leugnung der Wahrheit.
In: Benz, Wolfgang / Distel, Barbara:
Solidarität und Widerstand.
München 1995 (Dachauer Hefte 7).

Internet-Adressen
(Stand: Oktober 2000)

Im Folgenden werden nicht nur einzelne Websites, sondern auch Plattformen aufgelistet und kurz vorgestellt, die jeweils zahlreiche Links zu einschlägigen Seiten bieten. Hauptkriterium bei der Auswahl dieser Adressen bildete neben der Breite jeweils die Seriosität des Angebots, um das Umherirren zwischen Websites mit zweifelhaften Anteilen und Links sowie professionell gestalteten Seiten der Geschichtsfälscher zu verhindern.

Eine der besten Ausgangsstationen für die Suche nach brauchbaren und vor allem seriösen Informationen bietet die Rubrik "Drittes Reich" des Katalogs ,Virtual Library Geschichte' unter der Adresse http://www.hco.hagen.de/history/index.html. Dort finden Benutzer ein deutschsprachiges Angebot von sorgfältig geprüften und in regelmäßigen Abständen aktualisierten Links zu verschiedenen Kategorien, z. B. "Holocaust", "II. Weltkrieg","Rezeption" usw.

Gleiches gilt für die deutschsprachige Website "ShoaNet" unter der Adresse http://shoanet.hbi-stuttgart.de/shoan.htm. Sie bietet eine umfangreiche Liste von Links zum Thema Holocaust unter den Kategorien "Aktuelle Themen", "Gedenken & Sühnen", "Forschen & Lehren", "Drittes Reich" und "Judentum". Darüber hinaus verfügt sie über ein Glossar, einen Überblick über die Chronologie der wichtigsten Ereignisse und ein Verzeichnis von Kurzbiographien. Außerdem wird auch auf aktuelle Nachrichten und Veröffentlichungen hingewiesen.

Eine verhältnismäßig junge deutschsprachige Website findet sich unter http://www.shoa.de. Diese Plattform macht über einen Schlagwortindex gut aufbereitete Informationen zum Holocaust und zum Nationalsozialismus zugänglich, die jeweils durch Literaturhinweise ergänzt werden.

Detaillierte Informationen über das Tötungslager Auschwitz bietet die Online-Ausstellung "Auschwitz – Endstation Vernichtung" unter http://www.wsg-hist.uni-linz.ac.at/Auschwitz/htmld/seite1.html. Benutzern erschließen sich die Texte und Bilder durch thematische Kapitel und durch einen nach Personen und Sachbegriffen geordneten Schlagwortindex. Einige Links führen zu anderen Websites und Organisationen.

Eine ständig wachsende Zahl von englischsprachigen Aufsätzen zum Thema sowie Reproduktionen von Originaldokumenten sind bei "The Holocaust History Project" unter http://www.holocaust-history.org abrufbar. Die Seite verfügt über eine eigene Suchmaschine und eine Reihe von interessanten Links.

Eine Plattform zur Auseinandersetzung mit dem rechtsradikalen Revisionismus bietet "Holocaust-Referenz – Argumente gegen Auschwitzleugner" unter der Adresse http://www.h-ref.de. Mit Hilfe einer eigenen Suchmaschine können Benutzer Informationen zum Holocaust und über den professionell veranstalteten Revisionismus abrufen. In die gleiche Kategorie fallen auch "The Nizkor Project" unter http://www.nizkor.org, und "Cybrary of the Holocaust" unter http://www.remember.org. Diese Seiten enthalten viele Links, Dokumenten- und Bildarchive, Buchhinweise und aktuelle Informationen, die jeweils über eigene Suchmaschinen zugänglich sind.

Im Internet präsent sind auch die wichtigsten Organisationen und viele Gedenkstätten des Holocaust. Dazu gehört das "United States Holocaust Memorial Museum", dass seine Bild- und Dokumentensammlung, Ausstellungen und Projekte unter der Adresse http://www.ushmm.org vorstellt. Vergleichbar informativ ist die Homepage der israelischen Holocaust-Gedenkstätte "Yad-Vashem" unter http://www.yad-vashem.org.il, die neben Informationen über den Holocaust und die Aktivitäten der Gedenkstätte auch Material für den Unterricht bietet.

Verlag an der Ruhr
Bücher mit denen man lernen kann

Lernen ...

Projekt 20. Jahrhundert
100 Erkundungen und 1000 Nachfragen
Politik, Wirtschaft, Kultur, Erfindungen, Umwelt und Persönlichkeiten
Heidrun Visser
Ab Kl. 8, 247 S., A4, Pb.
ISBN 3-86072-461-4
Best.-Nr. 2461
49,80 DM/sFr/364,- öS

Von wegen Heilige Nacht!
Das Weihnachtsfest in der politischen Propaganda
Judith Breuer / Rita Breuer
Ab 14 J., 200 S., 20 x 25,5 cm, Hardcover, vierfarbig
ISBN 3-86072-572-6
Best.-Nr. 2572
39,80 DM/sFr/291,- öS

Erinnern heißt wachsam bleiben
Pädagogische Arbeit in und mit NS-Gedenkstätten.
Tipps, Infos, Konzepte
Uwe Neirich
Ab 13 J., 189 S., 16 x 23 cm, Pb.
ISBN 3-86072-459-2
Best.-Nr. 2459
28,- DM/sFr/204,- öS

... aus der Vergangenheit ...

... für die Zukunft

Multikulti: Konflikte konstruktiv
Trainingshandbuch Mediation in der interkulturellen Arbeit
Petra Haumersen, Frank Liebe
Ab 14 J., 183 S., 16 x 23 cm, Pb.
ISBN 3-86072-429-0
Best.-Nr. 2429
28,- DM/sFr/204,- öS

Projekthandbuch: Gewalt und Rassismus
Ralf-Erik Posselt, Klaus Schumacher
Ab 12 J., 352 S., 15,3 x 22 cm, Pb.
ISBN 3-86072-104-6
Best.-Nr. 2104
19,80 DM/sFr/145,- öS

"Ausländer nehmen uns unsere Arbeitsplätze weg!"
Rechtsradikale Propaganda und wie man sie widerlegt
J. Lanig / W. Stascheit (Hg.)
Ab 13 J., ca. 250 S., 16 x 23 cm, Pb.
ISBN 3-86072-394-4
Best.-Nr. 2394
ca. 27,- DM/sFr/197,- öS

erscheint Frühjahr 2001

Verlag an der Ruhr • Postfach 10 22 51 • D–45422 Mülheim an der Ruhr
Tel.: 02 08/49 50 40 • Fax: 02 08/495 0 495

e-mail: **info@verlagruhr.de** • **http://www.verlagruhr.de**

GOLDMANN

Lebenswelten im Dritten Reich

Christiane Kohl,
Der Jude und das Mädchen   12968

Jean Ziegler, Die Schweiz,
das Gold und die Toten   12783

Shlomo Breznitz,
Vergiß niemals, wer du bist   12713

Goldmann • Der Taschenbuch-Verlag

»Niemals vergessen!«

Stéphane Bruchfeld / Paul A. Levine
ERZÄHLT ES EUREN KINDERN
Aus dem Schwedischen von Robert Bohn
Bearbeitung der deutschen Ausgabe: Uwe Danker
Jugendbuch ab 12 Jahre
Mit zahlreichen Fotos, Dokumenten, Karten

ISBN 3-570-**12531**-9

Das Buch stellt eine Verbindung zwischen Einzelschicksalen und der historischen Wirklichkeit unter dem NS-Regime her. Erarbeitet von jungen Wissenschaftlern des Zentrums für Holocaust-Studien an der Universität Uppsala im Auftrag des Projekts »Lebendige Geschichte«, das unter der Schirmherrschaft des schwedischen Ministerpräsidenten steht.

C. Bertelsmann
Jugendbücher

GOLDMANN

Ganz gewöhnliche Deutsche

Helmut Schödel
Die Sehnsucht nach der Schande 15041

Daniel Jonah Goldhagen
Hitlers willige Vollstrecker   15088

Christiane Kohl
Der Jude und das Mädchen   12968

Goldmann · Der Taschenbuch-Verlag